你的與眾不同
就是你的力量

YOUR DIFFERENCE IS YOUR STRENGTH

克麗絲·費拉洛
Kris Ferraro——著

陳思華——譯

停止懷疑自我、
實踐潛藏天賦的
內在英雄之旅

高寶書版集團

各界好評

「天啊，這本書太棒了！我就是想看這樣的書。克麗絲・費拉洛回答了很多人會有的疑問：為什麼我與眾不同……？本書將顛覆自我發展領域的舊有觀念，我極力推薦！」

——佩塔・史泰普頓博士（Dr. Peta Stapleton），

心理學副教授、《敲打背後的科學》

（暫譯，*The Science Behind Tapping*）作者

「克麗絲・費拉洛消弭了因存在（感覺與眾不同）而感到羞愧，並將其轉化為一種超能力。她的書集結了各種精采的療癒工具和改革練習。」

——雪莉安娜・博伊爾（Sherianna Boyle），

《情感排毒》（暫譯，*Emotional Detox Now*）作者

「對於知道自己行為舉止標新立異，又想將此詔告天下的人，這本書非讀不可。」

——吉恩・蒙特拉斯泰利（Gene Monterastelli），

TappingQandA.com 特約編輯、Podcast 主持人

「歡迎來到新常態，這個古怪和與眾不同屬於超能力的時代。書中暖人心扉、恰如其分地敘述她這趟旅程，帶給我們完美的啟示和考驗，並大方提供支持資源。對於先驅、有遠見以及所有渴望更加感受自己和做自己的人而言，這本書非讀不可。」

——席妮‧坎波斯（Sydney Campos），
暢銷書作家、富有遠見的改革治療師

「你會在本書的每一頁找到友誼和勇氣。書中的故事和體驗練習自由、有趣且實用，提供了靈活、有趣的藍圖。所有人都在安全、充滿愛的陪伴下，擁抱自己的差異，帶來長久的完整感。」

——瓊蒂‧懷提斯（Jondi Whitis），
國際情緒釋放技巧中心資深培訓師、《兒童情緒療癒》
（暫譯，*Emotional First-Aid for Children*）作者

「這本書既擁有自助書的智慧，又有彷彿小說般刺激且快速的閱讀體驗。重點是：你不孤單。請充分利用你的獨一無二作為超能力和力量。」

——蘿冰‧畢拉札林（Robin Bilazarian），
臨床社工、能量心理學專科醫師、研究員、心理治療師、
《敲敲強大的心靈》（暫譯，*Tapping the Mighty Mind*）作者

「克麗絲·費拉洛指出通往更自由目的地的道路。雖然很多書都承諾指引我們明燈，提供完美指向北方的羅盤，費拉洛卻為我們其他人提供一個指針不規則跳動的羅盤，違背正常的傳統拉力，帶領我們去往未知領域和未探索的道路……《你的與眾不同就是你的力量》開闢出一條壯麗、風景優美、真實通往家的道路。」

——凱瑟琳·杜卡（Catherine A. Duca），

臨床社工、心理治療師、演講者、培訓師、

《摘下面具》（暫譯，*Unmasked*）作者

「全體向格格不入的女王致敬！……《你的與眾不同就是你的力量》對任何曾經感覺自己是局外者的人而言是迫切需要的宣言……如果你因為無法融入生活中任何領域而阻礙自己進步，這本書會提醒你，你是多麼寶貴的財富！」

——伊洛娜·潘普洛納（Ilona Pamplona），

精通占星學的生活教練、《心情戒指日記》

（*This Journal Is Your Mood Ring*）作者

「這本好書傳達了希望、賦權和自我接納的訊息，還包含能真正改變生活的工具和練習……世界各地的圖書館、高中輔導室和大學書店都該收藏這本書。」

——珍妮佛·伊莉莎白·摩爾（Jennifer Elizabeth

Moore），《掌握同理心》（暫譯，*Empathic Mastery*）作者、
《掌握同理心》Podcast 主持人、
國際情緒釋放技巧中心資深培訓師

「如果有人告訴你『做自己就好』，然後你開始找尋走過這段路、有過同樣經驗的嚮導，並希望他不僅會透過例子幫助你，還會提供練習讓你自己去實踐……這本書就是你要找的書。克麗絲是一位有滿滿的愛、善解人意的楷模和老師。這是一本充滿歡樂、讓你全心投入的書！」

——凱倫・安德森（Karen C. L. Anderson），從邊緣到先驅者、碩士認證的生活教練、《你不是你的母親》（暫譯，*You Are Not Your Mother*）的作者

「克麗絲・費拉洛就像一位善良、迷人的大姊姊，曾經有過這種經歷。她在這篇精采絕倫的宣言中巧妙地向我們這些怪胎分享她瘋狂的親身經歷、明智的靈感和深深的鼓勵。馬上開始並學習擁抱獨特的自我吧。」

——妮姬・星貓・席爾斯（Nikki Starcat Shields），出版顧問、寫作營主持人、《女神之心》（暫譯，*The Heart of the Goddess*）作者

「這本書是獻給我們這些感覺自己來自失落玩具之島者的讚歌。克麗絲・費拉洛慈愛地為每一個受到欺侮、被冷落和拋在後頭的靈魂送上這劑療傷藥。」

——布里特・博尼克（Britt Bolnick），
成功的企業家、暢銷書《靈性事業中的時間魔法》
（暫譯，*The Magick of Bending Time in Your Sacred Business*）
作者

「一張有價值的路線圖能幫助任何曾經感覺自己在某方面『與眾不同』的人，處理他們的痛苦，發揮他們與生俱來的力量，並獲得他們獨特的天賦！」

——邦妮・德肯（Bonnie Durkin），
賦能教練、《欣賞遊戲》
（暫譯，*The Appreciation Game*）作者

「《你的與眾不同就是你的力量》適合所有曾經覺得自己格格不入或置身局外的人。這本書是我們希望擁有的朋友，他的愛照亮我們的獨特之處，將我們的痛苦轉化為力量。」

——約翰・歐尼爾（John O'Neill），百老匯音樂總監

獻給沒人要的，

總是被排擠的，

被忽視的、被低估的，

以及夾在中間不上不下的每個人。

本書字字句句皆是為你而寫。

推薦序

　　或許你覺得自己跟別人不一樣，並希望自己能夠融入其中。但要是我說，有個方法能使你不但能完全接受自己**本來**的樣子，還能表揚並放大讓你成為各領域巨人的特質呢？現在，你手中就握著那張票券。

　　真希望我在幾年前就讀到這本書，這樣可能足以讓我省去買日誌和進行一大堆心理治療的費用。跟很多人一樣，我一直都在跟自己的與眾不同抗爭。我努力嘗試做「正確的事」，那些別人告訴我合理且值得推崇的事，即使做這些事讓我感覺自己像個冒牌貨。

　　我的格格不入並不明顯，因為我其實可以完美地「假裝融入」。我從哈佛法學院畢業後，身在紐約的猶太父母和各地學校輔導老師都很高興。我找到一份高薪工作，並成為一家大型律師事務所的合夥人。但一直以來，我都感覺自己彷彿是個臥底怪咖。對我來說，我已經失去了某些東西——意義、氧氣和靈魂。儘管大家都說我成功了，我卻覺得自己不過是徒有張成功的圖景，而真正的我並不在那張圖裡。

　　直到我毫無計畫地出走，找到一份服務生的工作，並和一個長髮塔羅占卜師約會，甚至開始寫作後，才第一次感覺

自己還活著。沒錯，當時我看起來就像個怪咖，使我的家人飽受驚嚇。但這些行徑使我可以自由自在地呼吸，感覺比過去任何時候都充滿活力。

當我終於誠實正視自己內心的真正精神時，我開始著筆寫書，並開始教學和引導他人。我甚至成為全國職涯轉換專家，至今已幫助無數人發現並實踐他們的使命。而我只是一個能傾聽自己內心分歧的人。你能想像如果我們都能尊重讓自己與眾不同的特質，會對這個星球產生什麼影響嗎？

我認為克麗絲・費拉洛為我們想像了這樣的未來。這本大膽、有趣而且精采的《你的與眾不同就是你的力量》或許會是你成為勇於冒險、最棒的自己所需的許可證。這個世界並未指引你方向，也並未提供如何透過你的與眾不同蛻變為先驅的工具。然而，克麗絲・費拉洛辦到了。

在本書中，你會感受到經由被認同、看見、鼓勵所帶來的療癒，也能從中學到一些技巧，幫助你重新獲得力量。她會介紹讓你有共鳴的電影、聆聽的音樂，並讓你看看其他邊緣人是如何蛻變為先驅，還為他人生活做出貢獻的例子。

我們生活在一個不斷變化的世界，有責任去擁抱多元性，因為正如克麗絲・費拉洛所言，我們的不同就是我們的力量。想想在商業、醫學、創意和政治領域中最棒的創新和運動，你會發現，我們最傑出的表現，並非來自那些努力適應現狀的人。我們能往四面八方發展，正是因為有人對思考、生活

和看待事物的角度與眾不同，所以，我們需要獨樹一幟的人幫助自己以不同的方式突破現狀。我曾在自己的著作《啟發和銳不可擋》（暫譯，*Inspired & Unstoppable*）中分享了我的觀點，我寫道：「作為一名富有創意、有遠見的個人領袖、獨立思想家、心靈治療師或企業家，利用其他才能、見解、資源和能力是你與生俱來的權利。你生來不是為了融入這個世界因而有所成就，而是為了重塑、療癒這個世界，照亮新的選擇和感受力……順從你的叛逆才華。」

我們生活在充滿新挑戰的時代。但我們的全新解方將來自那些格格不入者，他們不是身帶天賦，就是擁有獨創性。

或許你們有些人覺得自己活著只是勉強度日，根本不想拯救世界。但無論你身在何處，要記住：克麗絲・費拉洛將隨時為你服務，帶你踏上勇敢之旅。

克麗絲是一位很棒的嚮導，她是如此真實、招人喜愛、聰明伶俐。而且毫無疑問，她是一種自然力量。如果你曾希望有個盟友，一個真正支持你，會為你挺身而出的人，那麼你找到了。她將個人化為我們所有人的洞察力、智慧和勇氣。

《你的與眾不同就是你的力量》需要被分享出去，我們需要讓所有人知道這個訊息，我希望這本書能傳閱世界各地。最重要的是，我希望我們當中會有更多人開始體現自身價值，因為就某種程度而言，我們都與這個世界格格不入。

有些時候，我們會逃避自己的才華、本能傾向或真實的

聲音。也許這本書能幫助你那搖搖欲墜、笨拙卻同樣光彩奪目、獨一無二且天賜的自我振作起來。

　　我由衷希望如此。而我非常感激克麗絲‧費拉洛憑一己之力鳴鼓而攻。

　　願我們都能找到屬於自己的康莊大道。

塔瑪‧基芙絲（Tama Kieves）

＊ 塔瑪‧基芙絲（Tama Kieves）是一位富有遠見的職涯教練，為《今日美國》（USA Today）撰寫專欄，同時是暢銷書《發展未知》（暫譯，Thriving Through Uncertainty）和《今天，我比昨天勇敢一點點》（A Year Without Fear）的作者。

塔瑪‧基芙絲官網

目 錄
CONTENTS

| Column |

前言
拋開格格不入的自己

「任何人都無法成為你，那就是你的力量。」
——戴夫·格羅爾（Dave Grohl）

　　我一直都**知道**，根本沒有什麼以前，也不可能這麼簡單就忘記。無論如何，我從來沒有一天感覺自己是「正常」的。當我從兒時步入青春期，而後成年，我的外表出現了更顯著的變化。不同凡響的體型、低沉威嚴的嗓音、滿腦子稀奇古怪的點子、喜歡跟宇宙、動物和花草樹木說話的神祕傾向。我在八年級時甚至理了個平頭，把原本黑色的髮尖染成金色，當然，還有我對非主流音樂和運動的愛好。

　　嗨，容我自我介紹，我叫克麗絲，我就是這麼**與眾不同**。一直以來，我身上都貼著許多標籤，有別人給我的，也有我發自內心承認的，像是魯蛇、怪人、怪胎、邊緣、叛逆、神祕和共感人。雖然我看起來不像成功人士或能激勵他人的人，但事實上，在揭露真實自我的過程中，我早已成為自己甜蜜世界的主角。

　　我在這裡，不只為了走較少人走的路，更是為了在原創領域中開闢出一條全新的道路。而**那**是任何主流「勝利組」辦不到的事。我生來就受到靈性和創意的感召，使我停止尋找主流的認同感，或試圖成為值得「他們」接納的人。我的高我知道那種事絕對不會發生，而且這些人永遠不會賦予我所渴求的情感──理解、接納、珍惜和被愛。

　　早在小學時，我便沉浸式地在閱讀傳記，並陶醉於那些人生勝利組的真實故事。如果我能知道他們是怎麼飛黃騰達，或許我也做得到。然而，得到的答案卻讓我震驚不已。那些

懷有遠大志向的人和創意天才，竟然都跟我有著相似的人生起點。

他們並非生來就擁有優勢，被他人堅定不移地支持。沒有人會看著他們說：「你注定成就非凡！」他們也完全不是同齡人會崇拜的對象；他們跟我一樣，一開始都是邊緣人，付出幾十年的光陰後，利用自身逆境和熱情闖出一片天。我懂。**因為邊緣人和先驅本是同一原型的兩個面向，共同承擔讓生活向前邁進的神聖命運。**

我知道，我不孤單。

如果你也能明白這點，就會拿起這本書了。你只是與眾不同，無論明不明顯。

也許你感到與眾不同是因為：

- 你的感受
- 你的樣子
- 你的行為舉止
- 大腦和身體的運作方式
- 吸引你的對象
- 誰是（或不是）你的家人
- 你有（或沒有）多少錢
- 你的教育程度
- 你的興趣愛好

- 你住哪裡
- 或其他成千上萬個理由⋯⋯
- 又或者以上皆是

「如果你老是想當個正常人，你就永遠不會知道，自己有多令人驚嘆。」

——瑪雅・安傑洛（Maya Angelou）

　　你被創造出來，成為完全獨一無二的存在，無論是透過有形或無形的方式。當你誕生在講求一致性的文化下，對於人的獨特性不那麼重視，就可能會因為不被接納，導致內心產生與本性背道而馳的想法：我是個有問題的人、我有毛病、我差人一等、我本身是個錯誤、我不好、我很怪、我很丟臉、我肯定哪裡不對勁、我有缺陷、我沒人要、我很難搞、我完蛋了、我很討厭。

　　或許你還會被其他人貼上魯蛇、怪胎、邊緣、低賤、垃圾和怪人的標籤。然而對我來說，**你是值得被愛的人**，很開心能與各位見面。

　　你可能尚未完全相信我（雖然可能先前已對我略有所知），但在你的內心即將展開一場英雄旅程。你之所以會如

此是有原因的，你來這裡不是為了安於現狀；你來這裡不是為了漫無目的地走在平坦的路上；你來這裡不是為了被「接納」，你生來就不是為了隨波逐流，你的誕生絕對不是為了跟其他人一樣。

你生來注定要因自己的獨特成就非凡。

你可能會對此嗤之以鼻或產生懷疑，在內心深處，或許出現了不小的動搖。這我也預料到了。如果在好幾年前，有人把我拉到一旁分享他們的顧慮，我的反應絕對是：「你又知道什麼了？！」

這也是我一直盡自己所能在做的事。打破我被他人想法束縛的框架，把化身火柴人的我——就像成千上萬人的分身——徹底燒毀。

我來這裡是受未來的各位所託，你們的內在小孩，或者珍貴、完美的靈魂，等著啟動他們的神聖使命；我來這裡是因為過去的暴行，或當前的革命。我也可能來自一個精力充沛的未來，需要你和你的天賦來創造、探索、展現和分享。

我相信：**你身上存在著尚未展現的天賦，而你還未曾察覺它們的存在。這些天賦會要求你提供你認為自己無法給予的東西。而且你也會因為怕被羞辱，隱瞞自己擁有某些天賦。**

你永遠都是那麼與眾不同，沒有任何外在因素能改變這一點。當你意識到這點，難道不是你擁抱完整的自我，包括所有怪癖和祕密天賦的最佳時機嗎？

是時候**停止**這一切了。

別再躲躲藏藏。

別再當隱形人。

別再選擇將就。

別再被社會仇視、排斥或嫌棄。

別讓自身觀點、藝術才華和非比尋常的光芒被掩蓋。

別為了融入而變得跟別人一樣。

停止接受讓你的本質被黑暗籠罩的命運。

在本書中，你將讀到我的人生故事，以及其他從邊緣躋身偉大先驅的人物誌。每一篇的結尾還有一些問題和釐清練習，供你審視自己。我建議你買一本日誌寫下那些問題的答案，並在過程中記錄你的感受和想法。

可以把你喜歡的、不喜歡的；同意的、不同意的意見，以及任何想表達的觀點全都寫下來。這本日誌是一處可以讓你暢所欲言的安全空間，你無須自我評判和審查。

你也可以在日誌封面放上斗大的標題：**M2T，代表「從邊緣到先驅者」**（Misfit to Trailblazer）的成長計畫。你甚至不用告訴別人那代表什麼意思，就當作是我們之間的祕密吧。我會把任何想讓你寫進日誌的建議，放在 M2T 日誌時間裡。

說到 M2T，一旦你開始破繭而出，你可以自由創造主題標籤（#hashtag），讓我們這些天涯淪落人能夠彼此相認，給予支持，並歡慶我們做到了此生最艱難的挑戰：完全做自己。

　　為了在你的旅程中提供支持，我創建了一個涵蓋多媒體資源的網站。你可以掃下方的 QR Code 進入本書官網，找到所有練習的 PDF 檔，方便你影印並製作筆記。上面還有一些視覺化音樂影片、鼓勵文章和 Spotify 歌單等可供查詢。

　　這本書正是我給各位的情書。

　　而這同時也是我對革命的呼籲！對基本的自我與自我接納的革命，以追求內在自由，讓我們的靈魂回歸本心。

　　跟我一起進入新世界吧！

　　「絕大多數人不喜歡甚至恐懼一切他們不熟悉的觀念──因此，創新者往往一出現便受到迫害，總被譏笑為傻瓜和瘋子。」

──阿道斯・赫胥黎（Aldous Huxley）

M2T
日誌時間

1. 你認為是什麼讓你的特質與眾不同？從最明顯的特徵開始，慢慢深入挖掘更深層的真相。

2. 請寫下自己被貼上標籤、評判或被排擠的經歷。

3. 請分享你對自己的負面感受。

從邊緣到先驅者（M2T）的權威詞彙

> 「對於沒有想像力的人而言，正常是一種美好理想。」
>
> ——卡爾‧榮格（Carl Jung）

可互相代換權威詞一覽：

宇宙、愛、上帝、神靈、高我

權威詞代表什麼？

此為存在所有人身上的能量。是一種無形的物質，由創意、創造過程及其成品三者組成。這股能量會以任何我們肉眼可見和看不見的形式出現。是曾經存在或一直存在的事物，也是所有以原子或分子為核心構成的物質。

它是萬物之源，是我們喜愛或不喜愛的一切。是一體性，是所有愛與生命，是不斷膨脹的美好，是相連在一起的狀態或物質。它是使元素週期表中所有元素誕生的力量，創造出氫和氧，並將兩者結合形成水——包括組成你和我人體大部分的水分。它是一種力量，是原力，是萬物的起始與終末。

它是陰與陽，是整體而無限大。

權威詞不是什麼？

它並非責難、評斷、懲罰和隔離，亦並非二元性或教條。它並不與我們分離。它不會使我們只認同某類型的人，而不認同其他類型的人。它不需要我們服從、認可及信任。它並非壓抑。它不是住在雲端上的老者或男人，或者任何其他指定性別的人[1]，準備在你不遵守其他人制定的現行規則時把你擊倒。

當我使用下述權威詞時，請帶入你領悟力中更高力量的所見所聞。

・邊緣人

被認為不適當、不被接受、不合格，或不夠相似，無法受到其他人的歡迎與包容，因為他們已認識彼此間的差異。是一個經常打破常規的自由思想家。

・先驅

照亮迄今為止已被接受的事物，或帶頭另闢一條嶄新或替

1　神靈通常有其性別。你確實可以把一個可能擁有既定性別的神與這種我稱為「宇宙」的無形力量連結起來。這麼做不僅完全沒問題，還可以讓深化這層重要關係變得容易許多。人類對他們為神靈構建的外表和聲音會自動生成形象和想法，這可以使祂們成為你尋求支持的理想焦點。

代途徑的人。是一個創新者、先鋒、開拓者，甚至引領潮流。拒絕改變自己本質和願景的人。

・從邊緣到先驅者（M2T）

從療癒孤獨的痛苦到擁抱自己獨特的本質，最後大方與世界分享旅程的人。

・非比尋常的平凡經歷

在平淡無奇的日常時光經歷非比尋常的事，通常是神祕、激勵或有創意的內在體驗。你得到自己尋求的徵兆，並對偶然發生的情境充滿敬畏。

範例一

影集《泰德・拉索：錯棚教練趣事多》（*Ted Lasso*）中的角色山姆・奧比桑亞（Sam Obisanya）是里奇蒙足球俱樂部一位冉冉升起的奈及利亞裔足球新星。他考慮離開球隊，轉而進入未來將舉辦的非洲聯賽踢球，其父親鼓勵他「請求宇宙指引」。於是，山姆看見了一個孩子在草地上踢球，注意其上衣印有他的名字和球衣號碼，這個畫面以模糊的慢動作播放，暗示他這是一個非比尋常的平凡經歷。他將其當作一個徵兆，決定留下來續為里奇蒙效力。

範例二

　　你在淋浴時忽然靈光一現，關於自己想做的產品，腦海浮現一個絕妙的點子。你並非身處四星級飯店，只是日常普通的一次淋浴。但在你體內發生不可思議的現象，彷彿有股電流竄過全身，一陣刺刺麻麻的。你不只想到了點子，還掌握實現該點子所需的一切，全都只發生在瞬間。

‧救生圈

　　在關鍵時刻進入你生活的一個或一群人、一本書、一堂課、一個愛好、一次談話、一個概念或意識形態，或者其他任何實體。這個救生圈能在你情緒低落或不斷陷入困境時拯救你，能與真正的你產生共鳴的神聖安排。救生圈不僅會在對的時機提供對的資訊，還是召喚你的靈魂與宇宙連結的工具。

從邊緣到先驅者的宣言

我是一個被社會拋棄的邊緣人，身上貼著許多與真實的我無關的標籤。而我生來就與眾不同。

我來這裡，降生到這顆星球上，踏上這段旅程，是為了學習擁抱我的本質；我來這裡，是為了擺脫所有說我不被接納、我不是宇宙中完美存在的訊息和設定。那些訊息是基於無知、服從和壓抑創造出來的假神。我親眼目睹那些虛假之神在我真正力量升起的光芒中滅亡。

現在我唯一追求的接納來自我自己。我擁抱全部的我，我正在揭露自己身上所有不可替代的特質，並宣布這些是美好的特質！沒錯，我被誤解了，而我不再等待別人理解我獨特的天賦。他們不懂，也不需要懂。只要我懂我自己就夠了。我的閃耀時刻即將來臨，我也不會再因為我的與眾不同而道歉，我與自己一生的戀情，就從現在開始。

我是先驅。我是一隻展翅高飛的鳳凰。我是只有我才能創造的創作泉源，並未被塑造成跟其他人一樣，我生來就格格不入。我不只「跳脫框架」，還把它拆了在上面跳舞。我的誕生是為了推動文明向前發展，打破壁壘，辜負期望，打破刻板印象，展示新的可能性，創造不同凡響的新觀點，成為一個內心豐盈、永遠不吝於給予、充滿慈悲、善良和愛的容器——將我

自己放在第一位，從現在開始，直到永遠。

　　一旦我完全沉浸其中，徹底汲取慈悲、善良和愛，順著我的血管流遍全身並照亮大腦，我就能以只有自己能做到的方式感染這個世界。我站在一片正在崩塌、腐敗的老舊廢墟上，開闢新的天地，為真理奠定穩固的基礎。

　　我來到這裡，是為了構想並誕生一個新地球，一個絕對適合每個人的地方，包括珍貴而獨特的我。我堅定地維護做我自己的權利，以表達、生產、活躍和蛻變。同時，我也不斷學習為他人著想。我正在崛起，且為了獨特的使命成長。這條路就在我前方，逐步往前延伸。

　　我是邊緣人，也同樣是先驅，有如一枚硬幣的兩面。我來這裡是有意為之，是有目的行之，而我現在接受這個事實。

_____　　_____
署名　　　　　　　　　　　　日期

> 「有太多人試圖在朋友或伴侶面前收斂怪癖，後來才發現我們是在壓抑自己最好的一面。再也沒有快樂比得上展現奇怪的自我並發現有人愛這樣的你了。」
> ——@ SKETCHESBYBOZE（推特名稱：OWL! AT THE LIBRARY）

01
沒人要

「我感謝每個霸凌過我的人，正是因為他們讓我能走到今天。
我學會了在不受影響的情況下戰勝它，而這也造就了我；
如果我獲得任何成功，就是因為這些曾經取笑我的人。」
——馬修・葛雷・古博勒（Matthew Gray Gubler）

當你在學校參加體育活動或分組報告時，是否總是沒人要跟你一組？你是否常常感到被忽視——或更慘——被拒絕？這或許發生在戀愛關係中，或當你使用交友軟體的時候；或是在工作上，甚至是你的家庭。

如果你有過被人拒絕或排斥的經驗，就會產生一種急需被他人選擇、接納的需求。你可能會發現自己總是置身事外，因為你一直在等這個業力錯誤被修正，或等待某個人出現帶你脫離困境。畢竟，你所經歷的事肯定不公平。我們常常等待宇宙為我們扳平比分，扭轉平衡，甚至等待正義降臨。你甚至可能沒有意識到自己的所作所為，或者這個程式可能在很多年前就已灌輸給你，從那時起，你就一直等待崛起的那一刻到來。

我在這裡要告訴各位，**你就是你一直在等的那個人。**

你可以選擇自己，選擇你想去的地方，選擇你想跟怎樣的人往來。**選擇比等待更有力量。**

這時候，我知道你們一定認識一些人，他們得到了某個工作或進入某段關係，僅僅是因為當下被選中。終於！他們選擇了我！「他們想要**我**！」但他們從未停下來問問自己，是否同樣想選擇對方。

我認識一些人，他們結婚只因為有人向他們求婚，最終滿足了其想被選擇的需求，他們渴望被需要，或者因為「贏」了面試而開始一份不適合的工作。可想而知，結果都很慘。

　　我一直都是大家口中的那個「沒人要」的孩子。除非是拔河比賽，當時作為胖小孩的我會被選來當後位，也就是拔河最後一個位置。還記得每當體育老師說「好，現在來分組吧」，我都會因為難為情而漲紅了臉，全身的畏縮讓我整個人蜷曲起來，希望如果一直縮下去，自己就可以消失不見。

　　此外，我還會緊張地抽搐，死死盯著地板，雙腿顫抖不已。要是我可以把時間快轉到下課就好了。儘管我一直都知道最後會發生什麼事，並為此努力做好心理準備，但還是感到很難受。我會是那個剩下來的人，並且往往伴隨了他人不情願的白眼和厭煩地嘆氣。

　　這個訊息是如此清晰：沒人想要選我。

　　三年級時，我發現自己有機會改變這一切，雖然這完全不在意料之中。當時，所有三年級的老師同時把三個班級的學生帶到體育館，這樣的情形前所未見。為了設置三個完整的排球場，體育館的隔牆被拆除，錦標賽即將開始。體育老師向我們說明比賽規則：共有六支球隊進行正面交鋒，勝出的隊伍互相比賽，直到最後總冠軍出爐。

　　體育老師讓想成為隊長的人舉手，我的手舉了起來。這讓老師們和其他的同學大吃一驚，連我自己也嚇到了！直到我舉起手揮了揮，這才意識到自己竟然這麼做了。我抬頭看向自己的手，就彷彿這條手臂不屬於我一樣。

　　妳在做什麼啦？意外地，我和另外五個平常就很活躍的

學生一起被選中，他們都是運動健將和學校的風雲人物。大家都盯著我，這個其中的唯一異類。我一站到剩下的學生前，就知道自己該怎麼做。我要選擇其他同樣「沒人要」的人當隊員——我一下就知道誰會是我的同伴：我的胖子同胞、穿著邋遢的傢伙、膽小怯懦的學生、戴著厚重眼鏡的女生和患有哮喘的男生。

　　我指向那些人，當我的隊員們慢吞吞地朝我走來時，每個人都張大了嘴，換他們問說「妳這是在幹嘛？！」而對另五個隊長來說，他們顯然很振奮，因為我把學校所有「魯蛇」集結成了一支超級魯蛇的隊伍。

　　但我得澄清，我沒有稱呼自己這隊為「魯蛇」，這是**其他人**說的，即使沒有真的說出口，也會從他們對待我們的方式表現出來。在這個情況下，我接受了「魯蛇」這個詞，而在這個故事中，我把這個詞當作一種愛稱和激勵詞。他們把我們當作魯蛇，也認為我幫他們省去選魯蛇當隊友的麻煩。我敢說，所有人絕對都在等我們這隊第一個被淘汰。

　　只是事情並未如他們所願。

　　比賽進行期間，我做了一件從來沒人對我做過的事——無條件支持我的隊友。每當漏球時，我都感到內心一陣刺痛，這使我大感意外。突然間，一種競爭（和復仇）的精神自我內心湧出，此刻，我突然不只是不想丟臉，還想要**贏**！我想讓大家看看我們的能耐！

　　一直以來，我的腦海中會不斷重複一句老話：「**那是不可能的，放棄吧。**」這是第一次，我無視了這個聲音。對每個隊員的每一次失誤，我都很快地給予支持和包容。畢竟，沒有人想故意掉球；沒有人想打到網上；甚至沒有人想輸。我比任何人都清楚這一點，於是我選擇了用自己希望被對待的方式對他們。我對我的隊員說：「沒關係！你們做得很好！別放棄！還有下一球！你們盡力了！你們可以的！我為你們感到驕傲，你們很強！」

　　我不斷鼓勵每一位隊員，越鼓勵，我就越感到興奮。我把手放在他們的肩上，注視著他們，直到隊員們不情願地抬起低垂的目光與我對視。我讓他們知道：「我會一直支持你，我絕對不會因為你們失誤破口大罵，**這支隊伍需要你們。**」

　　當我分享這段故事時，不禁潸然淚下。我看到了缺少的部分——是**我**所缺少的部分，然後學會了怎麼將它給予他人。我滿腔熱情，且不間斷地付出，愛從我身上滿溢而出，不知道當時才八歲的我是怎麼做到的，或者說，我怎麼比體育老師和其他老師聰明。

　　我的內在智慧已被激發，我的言談舉止都由它控制。儘管當時我根本不明白，但還是跟隨了內心的指引。

　　然後，最奇怪、最無法解釋的事發生了。我們這隊開始獲勝！而其他隊伍一個接一個淘汰，相繼被我們的反向策略給擊敗。你看，因為我把所有魯蛇集結起來，一支超級運動

強隊也因而誕生，他們是所謂天秤的另一端。至於那些常規的勝利者、運動好手、一直擔任團隊領袖的學生，理所當然輾壓了整個競賽，正如他們和所有人預料的那般。

不知不覺，比賽只剩下我們兩隊：風雲人物與魯蛇大對決。我的隊友很緊張，開始坐立難安。畢竟，在排球網對面的，正是平時欺負我們的人，這些學校的佼佼者，跟我們截然相反。他們是被需要的人，我們則沒人要。但不知為何，我的焦慮完全消失了，我感覺很輕鬆，對比賽結果毫不在乎。

我說：「沒事的，我們只要盡力就好。」沒人想過我們會拚到這個地步。至少我肯定是沒想過。我看向看臺、老師和其他同學，全校的目光幾乎全聚焦在我們身上，等著看我們被擊潰，並迎來不可避免的失敗。

對方一開始打得很溫和，甚至傲慢地高聲提醒彼此，不要讓我們輸得太難看。這個事實是多麼顯而易見：他們有多瞧不起我們，我們有多麼低劣，他們又是多麼慷慨和慈悲。但他們這麼做，只會源源不絕地提供我們想贏的動力。我們挺起身軀，像水上芭蕾一樣齊心合力，並全力以赴！我們不會讓他們踐踏魯蛇隊的努力，這次絕不退縮！

當對手看到我們不打算放棄時，體育館的氣氛改變了。他們意識到我們不知不覺帶來了一場真正的競爭，於是很快地繼續進攻。真夠丟臉的！他們好好先生的面具竟然崩壞了。

風雲人物隊重振旗鼓，甚至開始不顧運動精神。他們故

意往我隊友的臉上扣球，害她鼻子流血，她只好跑去找老師幫忙止血，我們也因此失去一名隊友。對手像是排練合唱團般地出聲嘲諷，對我們指指點點。他們一邊竊笑，一邊挖苦，然後笑彎了腰。其中一人甚至鼓起腮幫子，雙臂垂在身體兩側，模仿我的樣子。

他們不滿足於用自己優秀的運動神經擊敗我們，而是耍盡花招。這就是惡霸受到威脅時會做的事。他們會試圖羞辱你，讓你有自知之明。這是有史以來第一次，我內心毫無波瀾，我很清楚他們想幹嘛，但我不在乎。

我仍照著我原本的軌跡，保持積極的態度，不斷鼓勵，為我的隊員加油打氣。「看著我！別理他們！只要專注在打球上，我們都已經打到這裡了！」

> 「霸凌者想欺凌你，你可以將其當作個人動力，而非逆來順受。振作起來吧，讓霸凌者望塵莫及。」
>
> ——力克・胡哲（Nick Vujicic）

最終，我們以一分之差落敗，在參加競賽的六支隊伍中獲得亞軍。儘管冠軍隊伍漫不經心地互相恭喜、擊掌，吹噓他們是怎麼擊敗我們的，然而他們的表情卻並非如此。

　　我們決定不再被他人的眼光定義，並抓住機會，嘗試自己能否完成更多事。我們遠離仇恨，往愛靠攏。而也因為愛，讓我們打破了過去對自己的認識。或許在走進體育館時，我們還是魯蛇，但此刻在場每一個人，都知道誰是真正的贏家。就是我們！我們從實力最弱的隊伍到差一步奪冠。我們敬愛彼此，並享受在這場體育課前從未體驗到的情感：樂趣。

　　用鼓勵代替譴責，能讓身體發揮不可思議的力量，我們的個性在眾目睽睽之下一覽無遺，贏家也是。我早知如此，但我永遠也不想成為他們。我不希望自己看上去高高在上，也不願意欺負別人。我對此敬謝不敏！我希望自己以愛為出發點，持續振奮和激勵別人。

　　此刻我環顧四周，每個人，包括老師，都一臉陌生地看著我。是出於驚訝？敬畏？震驚？還是害怕？或許是百感交集吧。但他們的表情還多了我從未見過的**尊重**。好笑的是，**當我開始尊重自己的同時，也贏得別人的尊重**。我從未像那天那樣，昂首挺胸地離開體育館。這個曾經充滿屈辱的地方，卻成了我的重生之地。我聚集了一群大衛，差一點就打敗了巨人歌利亞[1]。我蛻變了。

　　或許我注定要帶領邊緣人走出一條全新的道路。在我分享這個故事時，我才明白這一點。我向來能找出那些「與眾

1　編註：此為引用《聖經》中，以色列國王大衛還是牧童的時候，倚靠智慧和對上帝的信心打敗巨人歌利亞的事蹟。

不同」的人並擁抱他們；也能忘記平時的我有多內向和焦慮，向可能需要朋友的人伸出援手；而我總能為需要守護天使的人挺身而出。

　　出於我的孤獨，我找出與其他邊緣人建立聯繫的方式，而經由這些連結和關愛，產生一種我從未預料到的力量。這股力量激發人們對完全忠於自我的承諾。我將在自我的道路上前行，並深深地去愛我的生活和周遭的人們。

> 「受苦能體現最堅強的靈魂；最明顯的特徵就是傷痕累累的烙痕。」
>
> ——哈利勒・紀伯倫（Kahlil Gibran）

　　這段經歷改變了我，起因僅是我舉起了手。因為我已經受夠了，並心想：「不！不行再這樣下去了，到此為止。」因為我願意帶領，或至少內心有這個小小的期望，而這部分的我驅使我舉起手說：「看這裡！我，我想當隊長！」

　　儘管我毫無頭緒，更不知道該怎麼拋棄他人為我創造出的恫嚇和強迫手段，選擇用愛去包容。我只知道自己受夠了總是沒人要和被視為一文不值。我高舉的手承載了自己先前所不知道的事。**我可以選擇而非等待被選擇；可以領導而非**

跟從；可以按照自己的方式去做。而這不僅是可行的，我也
真的可以做到。

　　我經常在跟學生與客戶共事時，聽他們分享自己對被排
在「名單」最後而感到沮喪。包括小孩和家人心中的排行榜，
還有另一半及公司。他們厭倦了不被重視且將此事視為理所
當然。他們一直在等待情況改變，等待輪到自己被認可、重
視、接納和發光發熱。當聽到我說「如果你被排在名單最後，
那就不要再讓自己待在那兒了」，他們都很驚訝。

　　或許這看起來超出你的控制，但**未經你同意，他們都無
權貶低你，而你通常默許這一切發生**。人通常傾向於接受感
覺熟悉的事物，這完全可以理解。這是因為害怕。對被拒絕
的強烈恐懼，使你擔心自己會失去僅有的一點地位，讓你陷
入被動等待改變，而非創造改變機會的模式中；你一直小心
翼翼地數著麵包屑，而非飽餐一頓。我們的生存機制鼓勵我
們放棄、屈服，將苦吞入肚，埋葬自身的慾望。

> 「若你想變得偉大，就停止請求許可。」
>
> ——班克西（Banksy）

　　讓我把話說清楚，這不代表你可以讓別人一切都以你為優先，如果我能這麼做，現在早就是億萬富翁了！然而，還是有很多事仍在你的掌控範圍內。你可以提出自己想要什麼，協商你的需求和願望，並建立明確的界線。

　　如果這些需求並未獲得滿足，你便可以收回精力，設法從其他地方實現那些需求——也許是某個認可你價值的人或公司。過度付出和得到過少，都是作為邊緣人的跡象。你一直不斷給予，希望別人會喜歡你，或最終能看見你的價值。可惜，有太多投機分子等著利用這份恐懼。

　　我接下來要說的可能會讓你覺得刺耳，但希望你能聽進去。世上並沒有白馬王子會挺身而出糾正錯誤，也沒有人會來拯救你。我知道聽來很殘酷，即便是現在的我經歷了那麼多，這些話也仍難以啟齒。

　　畢竟每個曾經受到傷害的人，都會幻想自己被拯救。這些幻想十分美好，可以減輕艱難時光帶來的痛苦，使其變得能夠忍受。只是，幻想就是幻想，而在一開始經歷的創傷後，幻想還能持續很長一段時間。**這些「被拯救」的幻想，會讓你陷入困境，失去力量，甚至落入永恆的期盼。**

　　若想跳脫這個循環，只能從你自己開始。你可能依然對此抱持懷疑，但**你絕對有能力掙脫束縛，拯救並保護自己。這是你與生俱來的力量，永遠無法被奪走，只需要一些治療、引導和鼓勵就能實現**，而這正是我創作本書的目的。

99

「倘若你生來是為了要脫穎而出，代表你並非注定融入他人。」

——喬安娜‧亨特（Joanna Hunter）

99

　　自信滿滿地活出自己力量的人最有魅力。**那些排斥你的人，可能不知道真正的你是什麼樣子。他們很可能在你尚未找回力量的情況下從你身上得到過好處，所以更容易忽視你，並給你貼上標籤。**

　　這麼做需要勇氣。出於我們的目的，我對下述這句名言的解釋是，我們每個人心中都有一個「膽小鬼」。當我們被利用或虐待時，內心的膽小鬼就會退卻、默許和萎縮。當你無法主張個人意願或糾正錯誤時，就會體驗到膽小鬼的存在。你可能會默默練習自己想說的話、做的事，但當機會來臨時，又會臨陣脫逃。這個膽小鬼因恐懼而顫抖，覺得自己不值得被聽見或看見。我內心就存在一個膽小鬼，你也一樣。

99

「懦夫死上百次也不足為惜，英雄一戰千古留名。」

——莎士比亞《凱撒大帝》

99

當不敢吭聲的出氣筒，絕對比為自己挺身而出痛苦一千倍，甚至一千倍以上！這樣的痛苦總是比冒著被拒絕的風險還更糟糕。堅持自己的立場，可以讓你被公平和正當地對待。**每當我們屈服時，內心都會經歷一次微小的死亡，這種煎熬會不斷地重複和增強。**但你必須知道，總是有人會注意到這點。他們幾乎不會主動停止利用你的懦弱，而且，令人遺憾的，其利用行為通常還會變本加厲。

根據我對能量本質的了解，這其實是有理可循的。就跟其他存在的事物一樣，我們的行為模式是由能量所構成。而模式會加速，持續往同一個方向發展，直到遭人破壞為止。

想想牛頓第一運動定律，它描述了慣性的特點。根據此定律，除非受到外力作用，否則靜者恆靜，動者恆動。**被利用是一種持續的運動模式，直到你採取行動干涉為止。**同時，我也相信這是宇宙在鼓勵我們：「不行，這樣不對。」為了更清楚地了解你不想要什麼，它可以指引你走向真正的渴望。**有時候情況必須變得越來越難受，才能帶來改變。**

好消息是，我們內心除了膽小鬼外，也有一名英雄，他是能直面逆境的勇者。當我們驅使內心的英雄挺身而出時，或許不會成功，或許不會獲勝，甚至可能會丟掉工作，但這樣的痛苦只需要經歷**一次**，而且這種痛苦還夾雜著寬慰、敬畏和內心健康的自豪感。**如果你不喚醒內心的英雄，就永遠不會知道我們是否真的可以「獲勝」，也將埋葬一個絕佳機**

會，去了解這個凶猛、堅強、充滿愛的衛兵。難道你不想知道你的存在本身，一個更真實的你，能否創造出不同的結果？能否讓你從被貼上邊緣人標籤，成為命中注定的先驅？

在我開設的「注意力煉金術」課程中，我教導人們如何處理情緒並轉變他們的感受。這些原則和實踐，源於我用以治療那左右我生活的社交焦慮所學到的一切，這些焦慮支配了我數十年來的生活。而我發現最迷人的真理之一，是**人對經歷痛苦情緒的恐懼，遠大於痛苦本身**。我內心不斷說服自己，無論如何都應該冷靜下來，壓抑並逃避情緒上的痛苦。但這股恐懼，事實上比忽視這種衝動並面對痛苦嚴重得多，也更持久，就像被千刀萬剮而死一樣。

現在，我要投下另一個真相炸彈，它會震撼地讓你明白一件事。

溫柔之人與怪胎和極客一起繼承地球的時代來臨了。

過去的侵略性統治、貪得無厭和自戀主義的舊觀念，對這顆地球以及地球上所有人事物產生深遠的破壞性影響。我們看到企業和政府在運作時，嚴重忽視了其行為可能帶來的負面後果。於是惡性競爭發生了，不管誰賺最多錢，不管手段有多惡劣，只要賺取最多的錢，都將「大獲全勝」。但如果過程中傷害了人們的權益，我並不覺得這是勝利，我想你大概也有同樣的看法。

我們邊緣人天生就與眾不同，並以這些特質向大眾展示

該如何另闢蹊徑。包括：人道、富有慈悲心、普遍且符合道德和倫理，以打破造成如此痛苦的舊有模式。

> 「你到這裡來是為了提供創意的解決方案，現在該你上場了。」
>
> ──蘇‧莫特醫生（Dr. Sue Morter）

因為我們很了解受苦的經歷，所以願意竭盡所能地阻止他人步入我們的後塵。

當你發揮你的英雄潛能並保護自己時，不僅僅是打破自己過去的行為模式，同時也翻新了整個固有觀念，也就是令人討厭且有害的思維模式。那是一種你贏我輸的心態，而非嶄新的雙贏可能性。你不是意外或異類，你來這裡是有意為之，並具備目的性。

現在，你可能會想：「什麼？我怎麼可能為此付出？**我為何要成為英雄？你想讓我拯救世界？但我還在努力尋找自己的人生耶！**」

那是我們都會有的想法。儘管現在我過著令人難以置信、充滿活力的生活，因為他人付出而豐富，也為減輕他人苦難而富饒。但你猜怎麼著？我偶爾還是會這麼想。

但請用比反射性恐懼更深層的角度側耳傾聽。

這正是你到這裡來的目的。

不是屈服於他人有限的想法！

不是向那些優於你的人低頭！

不要對自己的人生抱有糟糕的想法！

當然，絕對不要忽略來自靈魂的呼喚。

你來到這裡，進入這個軀殼，來到這個歷史時刻，是為了開闢一條獨特的道路。看見大多數人視而不見的東西，對抗體制，打破舊有方式，從而締造新時代。

"

> 「時至今日，我很後悔，在資訊匱乏的八〇年代，我每天都在擔憂，這奇妙的世界會怎麼對待我那愛旋轉的聰明小男孩。我完全不知道他會把這個舊世界踢到一邊，創造一個全新的世界。」
>
> ——黛博拉·迪凡（Deborah Divine），
>
> 丹·列維（Dan Levy）的母親，@ TINGTIME

"

只有你能做到。沒錯，你絕對辦得到！

我不會說什麼「嘿，做就對了」這種話，又不是 Nike 的廣告標語。我知道，開闢新時代從來都不容易。你將需要清

晰的思路、練習、指導和靈感。這正是我要提供給各位的。

　　在本書中，我將與各位分享如何翻轉「邊緣人」硬幣。正如所有硬幣都有正反兩面，其中一面是你生命中大部分時間都很熟悉的經歷：與眾不同、格格不入或感覺自己像個冒牌貨；另一面則是你內心的先驅，那個一直渴望崛起、獲得力量的你。

　　先別著急，想想看你目前獲得的最好消息。你所需的一切已存於你心，你與生俱來就擁有一切。我的目的是幫助你獲得這種力量，不只是為了你的利益，更為了造福所有人。

　　在此旅程中，你將學習如何：

- 盡可能展現你的本質
- 療癒格格不入的傷口
- 增強你的個人力量
- 顯化合適的人和機會
- 同意領導並喜歡它
- 感到害怕，仍選擇採取行動
- 相信自己，即使別人不相信
- 允許自己發光

M2T
日誌時間

請回想當你陷入需要有人伸出援手時的情境，並把當時發生什麼事寫下來，包括你的感受。

1. 你當時幻想怎麼獲救？如果當時不曾幻想過，現在就編造一個，越戲劇化越好！

2. 請心懷慈悲和善良，寫一封信給你內心的膽小鬼，並承認它們當下的恐懼及其原因。讓他們知道你正努力給予他們幫助。

3. 告訴內心的膽小鬼，你為他們的遭遇感到遺憾。想像你的高我正在處理這部分的你所經歷的一切；想想你遭受怎樣的苦難，因而助長了內心的膽小鬼；是什麼讓你容忍虐待，或服從任何你不贊同的事？從「我很遺憾……」開頭，後面填入任何你回想起的內容。

   例如：「我很遺憾你在四年級被人取笑。」、「我很遺憾你把亨利叔叔說你是怪胎的話當真。」、「我很遺憾你因為上臺簡報緊張而錯過升職機會。」

4. 寫下下述肯定語：

   我是自己一直在等待的英雄。

   我心中存在一位英雄，我將聽從他的指引。

現在我不再等待別人來拯救我，我已擁有拯救自己所需
的一切。

我值得被尊重、承認和關心。

我值得被看見。

我能為自己挺身而出，我正在這麼做[2]。

「最棒的勇敢就是成為並擁有全部的自己——無須道
歉、無須藉口、無須用面具掩蓋真實的自己。」

——黛比·福特（Debbie Ford）

2　這是一種「現在式」的陳述句，表達你想要的感受和你對未來渴望的信念。
　把這些句子寫下來，大聲複誦並在心中默念。將其放在家裡，可以幫助你為
　這些信念進行潛意識程式化，並在日常生活中發揮創意使用這些句子。當你
　使用跑步機、在超市排隊或參與一個無聊的會議時，請重複誦念肯定語，重
　複可以增強肯定的能量，有助於它們在你的生活中顯化。關於創建和使用肯
　定語的深度資訊，請參閱我的書《顯化效應》，並享受隨書附贈的免費音訊
　資源。

02
從邊緣到先驅的名人

「我只是審視自己的生活模式，
發覺我並不喜歡，然後就改變了。」
——大衛・塞德里（David Sedaris）

　　人們總是很容易就談論起那些有權勢且功成名就的成功人士，認為他們只是運氣好而已。我們想像他們總是輕而易舉地被愛，最終演變成大家都愛他們。一旦某個人物遠近馳名了，就會給人一種彷彿長久以來一直如此的感覺。像是：披頭四樂團（The Beatles）怎麼可能一度被視為讓美國年輕人流行留長髮的罪魁禍首呢？！

　　但事實確實如此。年輕人很愛他們，他們的父母和其他成年人則不然。（甚至在六〇年代初，他們還留著蘑菇頭！）

　　曾經有些潮流、音樂和風俗被認為離經叛道，如今卻成為主流，使人們常常忘記這些事物曾經被視為另類。當我看見從活潑好動的小孩到精力充沛的老人，頭上都頂著彩虹般五顏六色的頭髮時，差點就忘了過去我也曾把頭髮染成紫色。我必須把酷愛飲料攪拌成糊狀，敷在頭上，用保鮮膜層層包住一整晚，因為當時根本就買不到紫色的染髮劑。這就是我們怪胎「往日」不得不採取的手段！

　　然而，當你看了名人傳記、採訪和紀錄片後，很快便會打消那些猜想。性感歌手兼詞曲作家麥斯威爾（Maxwell）在高中時只交過兩任女朋友，而且沒有參加畢業舞會。蜜雪兒・菲佛（Michelle Pfeiffer）因其著名且令人稱羨的豐唇備受嘲笑；史蒂芬・史匹柏（Steven Spielberg）在高中時沉迷於吹單簧管。

　　而說到樂團迷，麗珠（Lizzo）是位受過正規音樂訓練的演奏家，她的專長是長笛，她現在會在數百萬歌迷面前表演

精采的長笛演奏。我從未想過長笛竟能夠結合流行音樂。她在接受《好萊塢報導》（*Hollywood Reporter*）的採訪時說：「我選擇不否認，我選擇壯大聲量，我選擇讓自己龐大，而我此刻還在這裡。」我很高興她還在這裡（稍後我會再詳細介紹她）！很多名人小時候一點也不酷，甚至也不受歡迎。他們是演技誇張的話劇社員、樂團比賽中走調的吉他手，以及與電腦為伍的科技宅。

　　邊緣人似乎都會經歷一段從沒沒無聞到通往成功的旅程，這是一個我們可以自我學習的旅程。我將其稱為從邊緣到先驅者的進化之路。

> 「在擁擠的市場中，融入就是一種失敗；而在繁忙的市場中，不脫穎而出就等於不被看見。」
>
> ——賽斯·高汀（Seth Godin）

◐ 從邊緣到先驅者的進化之路

1. 一名生來就與眾不同的孩子，因此成為邊緣人。
2. 邊緣人缺乏他人理解，或更慘的是，被他人排斥。
3. 邊緣人試圖改變自己以被他人接納，但成效不佳。

4. 邊緣人成長為青少年後，經歷靈魂的暗夜，這是一個無法緩解的生存危機時刻。其中可能包括具有挑戰的生活經歷，例如失去親人、被學校開除、經濟困難、成癮或健康問題。

5. 邊緣人從靈魂的暗夜走出來，並對自己已更深入地了解，決定擁抱真實的自我以及他們來到這裡的目的。

6. 邊緣人遇到更多阻礙，但也透過艱難的經歷培養勇氣，並忠於自己的願景。

7. 邊緣人會增加信心和力量。

8. 邊緣人開始得到外界認可。

9. 邊緣人不再被視為格格不入。

10. 先驅就此誕生。

11. 先驅將推進他們的藝術或知識領域向前發展。

12. 先驅的天賦將成為主流並廣為大眾接受。

　　「社會不需要警覺、敏銳、思想創新的人，因為這樣的人無法融入特有的社會模式，還可能破壞它。這就是為什麼社會試圖讓你的思維禁錮在框架中，而所謂的教育都是鼓勵你模仿、追隨和服從。」

——吉杜・克里希那穆提（Krishnamurti）

　　對任何階段的邊緣人而言，認識這些階段很重要，尤其當你處於前七個階段。為了尋求靈感，我想分享一些我所敬佩的人們，他們一路完成了這十二階段。

◉ 音樂界的 M2T 傳奇：大衛・鮑伊（David Bowie）

> 「我抱著不懷好意的好奇心，這正是我創作詞曲的動力，也可能讓我看待事物的角度變得不一樣。我確實傾向抱持跟大多數人不同的觀點。」
>
> ——大衛・鮑伊

　　搖滾音樂的本質吸引了很多叛逆的人，但即使在最反叛且有創意的人當中，大衛・鮑伊也注定脫穎而出。我想不出還有誰能在幾十年中不斷發展自己的藝術才華，同時獲得超高人氣，專輯銷量超過一億張。以一個怪胎來說，算得上還不錯！

　　小時候的大衛・鮑伊，本名大衛・瓊斯，被認為聰明但固執己見，十分我行我素，還經常跟同齡的孩子吵架而惹上麻煩。這種不守成規的個性帶來了無數問題，使他與眾不同且獨一無二。

十五歲那年，大衛跟朋友為了一個女孩吵架，他的左眼因此受傷，導致瞳孔永久性擴張，經過四次手術也無法治好。他的幾個家人患有精神分裂症，包括同父異母的哥哥和兩個阿姨。這件事影響了他早期的唱片風格。

鮑伊並非一夜成名，他嘗試過很多表演途徑，但都沒有成功。然而，在他早期演唱會的影像中，你可以看到鮑伊在幾乎空蕩蕩的場地前表演，但他的態度卻好像座無虛席似的。他從**最開始**便把自己當作搖滾巨星看待。

在他開始以自己的舞臺人格，包括雌雄同體的基吉星團（Ziggy Stardust）和後來的瘦白公爵（The Thin White Duke）登臺表演後，最終確立了他頂級表演者的地位。

在他的職業生涯中，鮑伊大肆探索許多音樂流派，包括性、性別、科技，甚至是商業模式。當他唱出〈叛逆小子〉（Rebel Rebel）中的「你把你老媽弄的昏頭轉向，她搞不清楚你是男是女」，使世界各地被誤以為不合群的年輕人重新被看見，並引起他們的共鳴。

看到另個人藉由外表裝扮呈現出你內心的感受，有一種無與倫比的溫暖。這將會給你勇氣，為你帶來安慰。大衛・鮑伊將這個意念送給上百萬的粉絲當禮物，讓他們擺脫衣櫃和傳統服裝，炫耀自己的風格。

在十幾歲的我接觸到他的音樂前，大衛・鮑伊在過去的青少年族群中就已經很有影響力了。讓我備感訝異的是，我

高中的每個人，是真的每一個人，似乎都很愛他，包括我自己、話劇社的人、我的龐克搖滾搭檔、所有熱愛舞曲的同志朋友，就連重金屬樂團愛好者也躲不過他的魅力。還有那些科技宅。大衛・鮑伊遵循他內心的指引，取得了令人驚訝的巨大成功。

◯ 音樂界的 M2T 新星：麗珠

> 「小時候，我就渴望在電視上看到像我這樣胖胖的、外表亮麗的黑人。如果我能回到過去，我會對還是小女孩的我說：『妳將會看到那個人，但天殺的，那個人絕對得是妳。』」
>
> ——麗珠於艾美獎獲獎感言

　　麗珠正是在眾目睽睽之下從邊緣到先驅轉型的極致。小時候，麗珠因為體重和身為樂隊成員而飽受欺凌。她隱藏自己「古怪」的愛好，像是吹長笛、看動畫和《美少女戰士》的同人小說，但她決定扭轉這一切，成為「酷咖」，跟隨她一直喜歡的音樂勇往直前。某天，她決定接納自己豐滿的體型，即使這可能會阻礙她在玩音樂這條路上獲得他人關注。

結果她根本不需要這些源於外表的關注，她早已培養了一批死忠粉，讓她一躍成名。

　　麗珠無所畏懼地宣揚自愛，這麼做不只是為了她自己，也是為了你我。

　　她不只談論並用歌聲表達，更創造出實際的能量。人們確實被她以及她音樂的力量治癒和釋放！她的愛如此廣闊，令數以百萬的人都能接收到並給予回饋。

◎ 藝術界先驅：安迪‧沃荷（Andy Warhol）

　　「如果每個人都不漂亮，那沒有人是漂亮的。」

──安迪‧沃荷

　　一九五六年，安迪‧沃荷收到來自現代藝術博物館的拒絕信。他贈送了一幅畫作給博物館，對方表示他們目前沒有空間，要求他取回。這是他在成名前經歷的眾多拒絕之一。

　　安迪‧沃荷的父母親是來自現在斯洛伐克地區的移民，而他患有一種會導致身體不自主顫抖的神經系統疾病，使他經常缺課。此外，他還面臨其他健康問題，例如皮膚出現紅斑，也因此被戲稱為「紅鼻子安迪‧沃荷」。最關鍵的，他

還有一點與眾不同。安迪・沃荷是同性戀，而這在當時還不被大眾接受。

大學畢業後，安迪・沃荷搬到紐約追求他的藝術事業，希望能獲得更多自由。因此，當他以兩名男人擁抱為主題的畫作被畫廊拒絕展示時，他一定很驚訝。而儘管他經歷了這些困難和早期的種種磨難，他仍公開擁抱了自己的性取向。

這位藝術家的內心，實則住著一名才華洋溢的企業家，讓沃荷這一生得以獲得巨大的成功和財富。他結合了自己對名人和大眾文化的興趣，並找到透過絲網印刷和耗廢品的重製方法，大規模生產其名人朋友的肖像——不知道他對現在一幅畫或一張照片在幾分鐘內就能分享給數百萬人會有什麼看法。

他始終鞭策自己嘗試新事物，最終在出版、廣告、電影和音樂等多個領域發揮創意。

後來，安迪・沃荷在一九六八年因為遭到槍擊，差點喪命，康復後他繼續投身工作，創作出無數作品，直到一九八七年去世，比網路問世還要早幾年。在他說出「在未來，每個人都有成名的十五分鐘」的時候，是否早有先見之明？記得小時候，我看到這句話時還在想，這是什麼意思？現在當我看到一堆網路爆紅影片、個人品牌和網紅時，一切都說得通了。

◎ 心理學先驅：貝塞爾・范德寇（Bessel van der Kolk）

「在創傷倖存者的保護層下，存在一種未受損的本質，一種自信、好奇和平靜的自我，被為確保生存狀態而出現的各種保護機制所保護的自我，使其免受破壞。一旦保護機制相信分離是安全的，自我就會自發性地出現，而這些部分得以被納入治療過程中。」

——貝塞爾・范德寇

　　范德寇出生於荷蘭，當時正值二戰爆發的恐怖時期。在他成長的過程中，周遭都是大屠殺的倖存者，他親眼目睹許多創傷和創傷後壓力症（PTSD）的影響。來到美國後，他從哈佛畢業，成為了精神科醫生、神經學家、研究員和作家。當范德寇進入一家退伍軍人醫院擔任精神科醫生，為越南老兵治療時，他受到啟發，開始關注創傷方面的研究（在先驅的故事中，早期經歷過痛苦，後來重新被觸發，並為當事者帶來療癒是很常見的情況）。

　　范德寇發現，創傷不僅會發生在遭受戰爭衝擊的人身上，同時也存在於很多日常經歷中，像是虐待。范德寇擴大了對創傷的定義，使更多人能夠接受治療。他發現，當一個人經

歷創傷事件後，如果在關係中能保持健康的支持關係，就不會產生長期持續的症狀。如果一個人沒有得到良好的支持，或是在孤立無援的情況下經歷創傷，則人際關係以及體驗幸福與快樂的能力就會受到嚴重阻礙。我們大腦的原始部分在生死攸關的威脅結束很久以後，仍然會持續相信它迫在眉睫。

范德寇深入地了解身體如何承受創傷以及治療緩解必須以身體為中心，已經改變了整個心理學的研究和實踐。

在解釋這些經歷必須處理而非壓抑的同時，范德寇研究了以身體為中心的治療效果，並鼓勵練習瑜珈、透過腦電圖反饋改變腦電波、眼動減敏（EMDR）和歷程更新療法、軀體心理療法，甚至是情緒釋放技巧（Emotional Freedom Technique，也稱為 EFT 敲打法）。

他關於這主題的著作《心靈的傷，身體會記住》（*The Body Keeps the Score*）於二〇一五年出版，但一直到二〇一八年才引起關注，銷量猛增，並於二〇二一年達到巔峰。這本書有超過一年多的時間，持續位居《紐約時報》（*The New York Times*）非小說類暢銷書排行榜第一名，並且在這個榜單上待了好多年。在人們開始了解過去的創傷可能會影響現在生活的關鍵時刻，他為長期治療和緩解帶來了真正的希望。不幸的是，正如大多數邊緣人，他的觀點也遭到了牴觸。但他在創傷治療方面的成就顯示了許多人對了解並治療自己的渴望，這讓他了引起全世界的關注。

◯ 政治先驅傳奇：亞伯拉罕・林肯（Abraham Lincoln）

「品格如樹，名聲如影，陰影是我們所想，樹卻是真實存在。」

——亞伯拉罕・林肯

　　以當前分歧的政治面貌來說，我認為最好先回過頭談談最為人熟知、著名且深受愛戴的政治家林肯，他打破了傳統思維並改變世界。而作為一個受到各黨派擁護的共和黨政治家，他堅持自己的信仰，儘管這讓他失去了支持者，甚至葬送了性命。

　　林肯一直以來都因其高大、頎長的身材、真誠的信念和無盡的好奇心而出眾。每個人都認為詩人最不可能當美國總統，但在各方齊心協力下，讓他在對的時間站在對的位置上。一八六三年一月一日，美國內戰進入可怕的第三年，林肯簽署了《解放奴隸宣言》（ *The Emancipation Proclamation* ）。該宣言稱：「在反叛州內，『為人占有而作為奴隸的人』從今往後都是自由的。」這個是一個激進且遭到劇烈反對的行為，但這並未阻止他追求自己所認為正確的事情，他也為之後的每一位政治家開拓了道路。

> 「我不一定會贏，但我一定誠實以對。我並非注定成功，但我一定不會辜負我所擁有的光明。」
>
> ——亞伯拉罕·林肯

○ 靈性先驅傳奇：莎莉·麥克琳（Shirley MacLaine）

> 「靈魂是永恆的，其學習經驗則能傳承生生世世。」
>
> ——莎莉·麥克琳

　　這部分可以含括很多名人，從赫德嘉·馮·賓根（Saint Hildegard von Bingen）[1] 到帕拉宏撒·尤迦南達（Paramahansa Yogananda）[2] 再到馬丁·路德（Martin Luther）。許多現代宗教和精神教義的政策似乎都在竭力阻止叛亂。與此同時，這個領域卻恰恰激發了反叛精神！並且，其中有許多教義，都源自超越主流信仰的神奇經歷。

1　編註：赫德嘉·馮·賓根（Saint Hildegard von Bingen）是中世紀的哲學家和作曲家，也是歷史上第一位被記載的女音樂家。
2　編註：帕拉宏撒·尤迦南達（Paramahansa Yogananda）是出生於印度的瑜伽士，後前往美國開始長達三十年的弘法之旅。

　　根據紀錄，耶穌基督是正大光明的反叛者，祂喜歡邊緣人，並跟他們共度時光。祂不喜歡完美，反倒被真實而謙虛的人所吸引，因為祂認識到，人類的軟弱可以釋放出精神力量。同時，祂也激怒了政府，推翻兌換錢幣之人的桌子。從各個層面看，祂都無疑是個激進分子。

> 「只有突破自我的旅程會帶來價值，那會是你經歷過最重要的旅程。當我多次環遊世界後，我才發現，我正在了解自己。」
>
> ——莎莉‧麥克琳

　　面對數種可能性，我不斷縮小這類先驅者的名單範圍。當有一天在我逛 T.J. Maxx 百貨時，脈輪的圖像不斷從各處映入眼簾。一個人型雕像盤腿而坐，而一排彩色圓點連成一條直線，串過人像中間；在裱框相片區也可以看到類似的圖像，而圖像中的能量輪是七彩的顏色。然後就在雜誌旁，那正好放著一本關於脈輪的書。上述提到有關脈輪的產品，都不是在當地瑜伽館或新時代商店看到的，而在這家百貨隨處可見。

　　然後我想起小時候第一次聽到脈輪，是在看莎莉‧麥克琳上由約翰‧卡森（Johnny Carson）主持的《今夜秀》（*The*

Tonight Show）那集。這麼多年過去了，我的大腦居然還記得這些片段，實在很不可思議，特別是我當時根本不知道她在說什麼。麥克琳把圓形的彩色貼紙貼在約翰尼身上，約翰尼則不停開玩笑，顯然對這個主題感到不自在。

我快速地瀏覽 YouTube，然後重看一九八三年播出的這個片段，和我記憶中一模一樣。無論他怎麼想方設法打斷，她都不停手。這位女士確實展現了一生的大膽！就是她了，她代表了這個類別從邊緣到先驅者的完美範例。

麥克琳從小就是個腳踝無力，笨手笨腳的孩子。父母因而決定讓她進入芭蕾舞班學習，她在那裡練習一段時間後，被告知她長得太高了，因為足弓不完美，所以不是跳芭蕾的「理想體型」（邊緣人常在很小的時候被告知他們不具備某種先天特質，比如特定身材或身體部位）。

這讓麥克琳轉而追求表演一途，儘管她整個職業生涯都是名稱職的歌舞演員。與很多邊緣人不同，她的成功來自一場「意外」。早期她作為百老匯的替補演員，不得不接替受傷的主角上場表演。不久，麥克琳便跟派拉蒙影業簽訂合約，搖身一變成了電影明星。她被認為古怪而充滿活力，幾十年下來，她擁有十分輝煌的職業生涯，最終於一九七〇年寫下第一部自傳。

在麥克琳的第三本著作，一個恰如其分的書名《心靈之舞》（*Out on a Limb*），她誠實而公開地分享自己深奧的靈性

探索，以及這些探索如何為她的生活帶來療癒。主題包括冥想、輪迴、量子物理學、統一場論、魂靈投射、瑜伽、通靈、肯定語，甚至是幽浮。

這些觀念在西方文化中大多鮮為人知。當許多人不太確定自己是否願意參與這種「瘋狂」的事情時，她向他們開啟了對話。這並沒有阻止她大肆改變這個世界對這些「奇怪」觀念的看法。而在接下來的幾十年，麥克琳成為了全國的笑柄。喜劇演員吉姆·麥庫（Jim McCue）評論道：「莎莉·麥克琳今年將憑藉她前世和今生的事業獲得甘迺迪中心榮譽獎。」這還算是比較溫和的嘲諷，大多數並非如此。

莎莉·麥克琳本可以改變主意，將自己的興趣歸咎於精神失常，或引退到康復中心，或者也完全可以選擇從大眾眼前消失。相反地，她擁抱了新時代大使這個新角色，以及自娛娛人。如果她也開自己玩笑，他們就不能嘲笑她。她甚至在電影《陰陽界生死戀》（*Defending Your Life*）中擔任「前世閣」的法官。當然，人們普遍認為，她最好的表演大部分是在這次的靈性公開蛻變後。在我撰寫這本書時，她已屆八十九歲高齡，仍持續寫作和表演。

因為麥克琳作為靈性先驅挺身而出，提供了數百萬人治療、體驗以及和宇宙聯繫的新方法。很多當時被認為是另類奇異的事情，如今已變得普遍。從咖啡杯上的肯定語到平靜冥想的應用程式，再到社交媒體上的占星術預測，全都隨處

可見。這一切已經融入日常生活，以至於我們很難記得這曾經有多麼怪異，並受到強烈的抵制與嘲笑。

你不必同意她所相信的任何事情，但仍可欽佩她冒著名譽和職業風險，完全理直氣壯地做自己的勇氣。透過這些舉動，她打開了意識本身的大門。

⬤ 靈性的 M2T 新星：維克斯・金（Vex King）

維克斯・金是一位經歷過逆境的人。他出生在一個傳統印度家庭，父親在他六個月時即撒手人寰。這讓他的母親在養育他和兄弟姊妹上遇到很多困難。他們也曾歷經無家可歸、種族主義和虐待。儘管如此，他一直是個好學生，長大後成為了一名成功的商業分析師。

他的工作將其帶入了音樂產業，同事開始向他尋求人生建議。在過程中維克斯豁然開朗，發現自己能與眾人分享他的經驗。新世界自此在他面前展開，他開始輔導和寫作，在網路上傳播自愛、積極和健康人際關係的線上福音。目前他在 Instagram 上已有一百二十萬粉絲。維克斯透過真理炸彈、靈感和「原來是這樣！」的頓悟開拓前進道路，以清晰和慈悲心為全球人類服務。

而關於宗教，我理解各種信仰的人，也擁有與之共事的經驗，包括從猶太教、摩門教到天主教和許多其他形式的基督教，以及各種類型的靈性教義。我反覆目睹，在這些信仰

中存在著新舊衝突：從長期的固有方法和可能更好的新方式間的分歧；延續到教條、等級制度和千篇一律的僵化，還是屈服於細微差異、開放和流動性接納之間的爭執；再到堅持現有的官僚主義和規則，抑或回歸本意和原始深度的矛盾。

　　我看到這種革命性變化，反映在我們所知道的生活中各個面向。例如，在工作和職業領域，一大批人辭去了工作，正在尋找新方式以探索他們的使命。很多在新冠疫情期間的居家工作者，決定維持居家工作的型態。新進員工質疑每週工時達四十個小時（實際上更像是六十個小時以上）的效率，並提倡將重點擺在完成工作上。

　　同時，越來越多老闆取消了員工福利，如個人退休帳戶（專門儲蓄退休金）、利潤分紅、股票期權和學費報銷，員工不禁思考，要怎麼做才能獲取所需？由於缺乏安全感，員工覺得不被重視或關心，於是決定出走，尋找適合自己之處。

> 「自愛是在『接受原本的自己』和『知道自己值得更好並努力爭取』之間找到平衡。」
>
> ——維克斯・金

目前的健康產業也在發生變化。對於曾經對當前醫療保

健狀況感到沮喪的人來說，我們正在進行一場偉大的探索。從研究造成疼痛的可能病因和解決方法，到嘗試自我療癒和替代醫學，人們想要的更多。更多的安慰和活力，更多的能量和青春，每個人都想要更好的感受。這同時推動了我們飲食內容和方式改變。

我和許多人一樣，腸胃難以消化麩質。我說不出來有多少人（年齡大多在七十歲以上）認為這完全是無稽之談。他們問我：「麵包會有什麼問題啊？」儘管我嘗試了很多方法治療這個問題，身體的反應依舊。也就是說，每當我吃含有麩質的食物時，臉仍然會變得像番茄一樣紅！似乎越年輕一代就越敏感，也許食物過敏就是其中一項。

我的工作是全職能量教練和治療師。我利用前衛的能量心理學技術和靈性修習來幫助人們改變他們的感受、信念以及創造最佳生活的方式。我有一半同事使用相同和類似的技術，差別在於他們來自更傳統的心理健康領域，他們都是有執照的心理專家，像是社會工作者、治療師和心理學家。這些專家另闢蹊徑，在談話治療中引入以身體為中心的練習。

而一些人甚至正在設計並進行研究以證明這些技術的效果，目前已有數百項此類研究發表在同僚審查的期刊上。首先，心理健康和情緒治療領域本身就存在衝突。一些保守的心理健康專家堅信談話療法是解決憂鬱、焦慮和強迫症等目前常見病症的唯一方法，儘管以身體為中心、用於治療神經

系統調節，以及教授對創傷和壓力的深層情緒處理的新方法，能對這些症狀帶來極大緩解。保守派將繼續相信這完全是江湖騙術。有時這些不同的觀點會引起激烈爭論。

那麼，到底上述論述跟從邊緣到先驅者有什麼關係？其實這表明了保守派會緊緊抓住已知的事實，無論好壞；革新派則無論如何都會大膽推進。聽起來，每代之間都存在著難以跨越的鴻溝，而這種感覺此刻顯得特別深奧且戲劇化。

儘管革新派實際上並沒有那麼創新，但保守派卻常常把任何「新」的事物貼上錯誤和危險的標籤。不過，任何「不同」或「新」的事物本就都需要一段時間才能被接受。因此，請放心，**當你身處逆境，這僅意味你是有個遠見的人！**你在歷史上的此時此刻出現，可能單單是為了幫助引入新的治理與療癒方式和證實這些方式確實存在並可行。

最理想的情況，很可能會建立在舊的已知基礎上，同時拓展新的領域，並將過去來之不易的經驗教訓和智慧發揚光大，以滿足現正出現的嶄新創造力。如果想要一個不同的未來，就需要做出改變。相信我們每個人來這裡都是為了迎接新的答案。

以下是從邊緣到先驅者常見的特質：

- 使他們與眾不同的身體差異或疾病及弱點
- 童年時期的逆境，包括貧困、創傷、遺棄或虐待

- 過早獨立
- 被同齡人欺負
- 傾向於探索和突破界線
- 因「古怪」或「怪異」而聞名
- 具憂鬱傾向、沒有歸屬感，或感到孤獨、被忽視
- 對尚未成為主流的事物感興趣，像是某些類型的音樂、電影、書籍、遊戲、電腦、運動或其他等等

▌ M2T
▌ 日誌時間

1. 請列舉幾位你所敬佩的名人。

2. 選擇其中一個人進行研究。尋找他們早期被拒絕、孤立，或深陷逆境的經歷。寫下你認為他們實現夢想必須具備的特質，像是：韌性、力量、骨氣、靈活性、創意。

3. 將上述特質當作你個人的特質，並用於肯定語。

   我在尋找我的 ＿＿＿＿＿＿＿＿＿＿＿＿。

   我在學習變得更 ＿＿＿＿＿＿＿＿＿＿＿。

   我有 ＿＿＿＿＿＿＿＿＿＿，我要釋放這個特質。

M2T宣言

姓名：

日期：

我發誓：

- 學會接受我的所有部分

- 在我的獨特性中找到美麗和價值

- 每天審視自己的感受，善待自己

- 回顧我的決定是否符合自己的真實意圖

- 在自愛的路上對自己有耐心

- 將我與自己的關係以及我所理解的更高力量（以最適合你的名稱來代替更高力量的用法，像是宇宙、上帝、根源、愛等等）放在首位

- 培養心靈、身體及生命的安全感

- 找到有趣的方式來表達我的真實本性

- 對改變持開放態度

我不會再：

- 為我是誰以及我如何被創造出來而感到抱歉

- 浪費時間和唇舌在無法理解我的人身上

- 戴上隱藏我的本質和光芒的面具

- 竭盡全力贏得別人的認可
- 轉移讚美、愛與支持
- 犧牲自己的需求和願望，優先考慮他人的需求和願望

我將利用下述內容協助執行此宣言：（例如日記、本書中的練習、冥想、祈禱、加入或組建互助團體、設立界線、傾聽你的直覺、平衡你的能量等等。）

_____

_____

_____

_____　　　_____

簽名　　　　　　　　　　　　日期

- 如需此宣言的 PDF 檔和其他免費資源，請掃 QR Code 進入官網。

03
尋找你的救生圈

「正是在那些時刻，某個不尋常的東西出現了，無論大小，
只要你伸手抓住它，就會感覺那是為你量身打造。
它將來幫助、指引你並予以拯救。」
——克麗絲·費拉洛

這麼多年來，我注意到一件事，**生活往往會以向我們扔出我稱之為「救生圈」的方式給予幫助，這將有機會拯救我們於水深火熱之中。**但不一定會以你預期，或甚至不是你想要的方式出現（至少一開始是如此）。然而，救生圈會一次又一次朝你扔來，直到你確實抓住，並被拉回到堅實的地面上為止。

以下來自我的親身經歷，我將其命名：龐克搖滾歌手進入聖經帶。

高中一年級時，我一直在努力尋找跟我合得來的人。我的兒時玩伴並不喜歡我迷上龐克搖滾後帶來的轉變（包括音樂品味、時尚和生活方式）。我能理解，因為這樣，我讓自己更成為大家的眼中釘。我看著周遭的人離我而去，生怕會被羞辱的彈片波及，他們不明白我為什麼變了——他們怎麼可能明白呢？

我的大哥麥可是位音樂鑑賞家，他總是霸占家中放在客廳的那臺立體音響。隨著七〇年代結束，進入八〇年代後，他的唱盤不再由紐澤西的本地歌手布魯斯・史普林斯汀（Bruce Springsteen）占據，反而出現截然不同的新曲調。不管他後來放的是什麼，我只知道我還想再聽。在那股能量、生命力和力量中有什麼使我體內的情感迸發而顫抖。

我不由自主地靠近音響，全神貫注地聆聽。那節奏和振動；那憤怒和無所畏懼的憤慨；那說真話的態度。這些人都

是市井小民，年紀比我大不了多少。他們撕開衣服，紮起頭髮，在幾乎沒有任何表演經驗的背景下登上舞臺；他們不讓別人定義他們是誰；他們創造了自己，給自己取一些像「亂彈」、「腐爛」、「凶殘」和「疥瘡」之類的名字（懂的人就懂），他們接受那些被認為是醜陋的東西，並**擁抱**它，為它慶祝！

我為此墜入了愛河。這些人都是最終被社會拋棄的局外人，然而他們卻開闢了這條新道路，我也想跟隨他們的腳步。或換句話說，龐克搖滾讓我免於溺水。

宇宙總會扔給你一個救生圈。

何時你才會注意到救生圈的存在？當你被環境壓垮並感到完全被拋棄的時候；在你長期獨自一人而最感落寞的時候；當一切似乎都站在你的對立面，無論你多麼拚命扭轉局面的時候；在你人生最落魄，相信情況永遠不會好轉，運氣背到不行，或受到了詛咒的時候；當所有希望都已破滅的時候。

正是在那些時刻，某個不尋常的東西出現了，無論大小，只要你伸手抓住它，就會感覺那是為你量身打造。它將來幫助、指引你並予以拯救。一切都是注定的。我必須再次強調，**它不一定會以你想像的方式或形式出現。**事實上，大多存於你想像中能夠拯救你的人事物並不存在，或是無法成真。但宇宙與萬物相連，所以它有無數途徑，能在你需要時提供正確的幫助。當你明白這充滿神祕和魔力的一切關竅後，尋找

救生圈也會變成樂趣的一部分。

　　要知道，在所有邊緣人最落魄的時候，我相信宇宙仍與你同在。宇宙創造了你，並存在你體內，所以你永遠也不會與宇宙分離。我知道，尤其當你已經歷過這麼多痛苦，實在很難相信這件事。記得我也曾經不只一次問道：「為什麼？為什麼會發生這種事？你去哪兒了？」我因為把問題交給宇宙卻感到失望而大發雷霆。

　　然而，**重點在於接納你當下的感受，而非壓抑。**如果你能對自己和宇宙誠實，就可能學到我在靈性之旅中的發現。當我開始不喜歡並批評自己時，便遠離了當下我所需要的支持。這也是為什麼自愛對於療癒、成長和躋身為先驅如此重要。宇宙知道我，也知道你；宇宙看見我，也看見了你。而就像我一樣，你**將**被指引方向。你只需要在救生圈靠近時，用雙手牢牢地抓住它。

　　無可否認，我們很容易忽視救生圈。它可能會偽裝成一位出自朋友口中真摯但刺耳的勸諫，或你完全不想參加的社交活動。同事借給你的書？或者無意間聽到關於十二步計畫（Twelve-step Program）[1]的資訊？沒錯，這些當然都可能是

1　編註：十二步計畫（Twelve-step Program）是一種用於幫助人們克服成癮問題的自助康復方法。最初由匿名戒酒會在一九三〇年代開發，會藉由十二個步驟來引導參與者承認自己無力反思和改進，並透過個人建立責任感、獲得情感支持，逐步實現戒除成癮行為。這個計畫已經被擴展應用到其他類型的成癮問題，如藥物、賭博成癮等。

救生圈。它們大多屬於我說的,非比尋常的平凡經歷。

　　這些救生圈看起來就像日常所經歷的數件瑣事中再普通不過的小事。一首人人都可在廣播收聽的歌曲,你卻感覺那首歌專門為你播放;一本在你的書架上放了多年的書,你卻突然覺得有必要拿下來讀一讀,感覺這本書似乎是專門為你而寫,就在你生命中那個特定時刻;看板上的某個標語,大家都認為是產品介紹,你卻感覺那是刻意傳遞給你的訊息。

　　比方說,當你在考慮挑戰一直以來都不太擅長的事,例如學一門新語言時,卻碰巧看到一個三星廣告看板,上面寫著「挑戰不可能」(Do What You Can't)。我不是指宇宙在那一刻安排了該廣告看板在你面前出現;我的意思是,**當你有了充足的準備,任何你所見的人事物,都可以成為指引道路的明燈**,而你將擁有獨特的內在體驗。你會被吸引去見證並體驗某個平凡的經歷,但會以一種非比尋常的方式去感受。當你準備好後,便有能力了解並接收答案。

　　而這通常不會像迪士尼電影中的場景,小鳥嘴裡叼著橫幅飛下來,背景還搭配引人入勝的配樂。至少對我來說,救生圈通常會是我在牙醫診所候診時所閱讀雜誌裡的廣告標題,或觀賞電影時角色說的臺詞。這可能不易察覺,所以時刻留意周遭是很重要的。

　　你是否已經注意到自己有過非比尋常的平凡經歷呢?若是如此,當你跟其他人分享這些非比尋常的平凡經歷時,對

方可能會心不在焉地眨眨眼，心想：「你跟我說這件事，是因為……？」當你向他們解釋那個三星廣告似乎對你大喊你一直在等待的答案時，他們覺得……**這不過是廣告而已。**

其中的區別到底在哪？對他們來說，這不過是一則廣告、一首歌或一句話，但對你而言，它帶來的**感覺**非比尋常，因為它**回答**了一個重要問題，為你**指引**新的方向，或者**驗證**了某件事。

而這種經歷，也不一定總是歌曲、新聞頭條或電影。也許你的一位朋友，似乎在嘗試新的靈修技巧，並突然對你說：「嘿，我得跟你說，我最近在試的這個正念技巧，真的對集中注意力很有幫助。」（如果你還沒遇到這種情況，別心急，接觸正念的人對推廣**十分熱衷**，你絕對會遇到的。）

當他們這麼說的時候，你可能會冒出跟其他人相同的想法。「噢，天啊！又來了。她又在推廣什麼新的神奇療法。正念個屁！這不過是浪費時間。」但即使你的大腦一如既往地正常運作：判斷、敘述、分類、假設以及小題大作，然而，另一部分的你也會發揮作用。

你可能會聽到耳邊嗡嗡作響，響起彷彿從未聽過的悅耳鈴聲。或是內心智慧說道：「唔，注意這個。」這是一種直覺和共鳴，也或許是一種戲劇性變化。

比如在你的朋友說話時，一道閃光可能從窗外射進來，掠過她的頭灑在你身旁；也許你會感覺身體輕微抖動，就好

像香檳氣泡在體內湧動；時間變慢甚至凍結。你暫時處於高度意識狀態，顯露出一股超自然能量，讓人們知道它的存在。這股能量的開放激起人們的好奇心，你的高我會出現並開始做決定。

此刻，那部分的你就會忽略內心的懷疑和焦慮，並朝著**這個**方向發展，這就是所謂救生圈。這是生命給你的禮物。這個非比尋常的平凡經歷正呼喚你前進。請抓住它，讓自己獲救吧。讓愛你、創造你的宇宙拯救你於動蕩的深淵中，並為你帶來慰藉。

當你遇到非比尋常的平凡經歷時，請將其放在心上，你並沒有發瘋。在某個剎那，神奇的事情的確發生了，請務必把握機會。

我的第一個救生圈出現在八歲那年。

當時，我去到另一所學校參加充實計畫，一堂專為資優學生設計的課程。雖然過去的我成績很好，但課程開始後，我卻完全不知所措且感到焦慮，課業也開始落後。我很胖，又笨手笨腳的，跳繩和丟沙包之類的兒童運動也做不好。加上我除了注意力不足過動症（ADHD），同時還患有聽覺處理障礙（APD），但當時沒人知道。

雖然你可能會認為將一群老師的寵兒，也就是成績優秀的學生放在同一個班級裡，對不善社交的孩子有好處，但事實並非如此。我們不斷被拿來跟彼此比較和競爭，讓我這樣

的高敏感小孩更加封閉和膽怯。我是那群聰明的孩子中最不聰明的那個，他們在外都去補習，做足了功課，而我只能靠自己——對現在的我而言，這項經歷並不陌生。

那時候，我的老師，史密斯老師在課堂上介紹了詩歌。她朗誦了幾首詩，並教導關於詩的寫作結構。聽她解說讓我深深地著迷。後來，她便讓我們自由創作詩歌。詩雖然溫和，卻很有啟發性，讓我有種莫名的熟悉感，好像我出生以來一直都知道詩的存在。很快地，我便深陷詩的世界。

在迷上寫詩的同時，我還發現了自己在押韻方面的天賦，上了高中後更是得心應手。我用鉛筆和蠟筆描繪我的原創作品，讓創作過程更令人興奮，以防像「小貓」這樣奇怪的標題不夠明朗，我拿了幾塊紙板，把班上工藝區捐贈的壁紙樣品貼上去。後來，史密斯老師把書頁縫在封面上，製成我的第一本書。

神奇的是，我找到了方法，當心中出現強烈不知所措的感覺，不知道該怎麼辦的時候，就能透過此事抒發。像是塞在床底下的筆記本和作文簿、舊信封的背面，以及我寫給祖父母的信。寫作正是我所需要的救生圈，避免我繼續向下沉淪。我緊緊抓住寫作這個救生圈，彷彿它是我的唯一救贖。

作為一名出版作家，我至今仍未放手。這一切都始於史密斯老師在課堂讀詩的那天。看看寫詩是如何拯救我人生！這是在我有需要時出現的眾多事物中的第一個，所以我將其

稱為「救生圈」。如果那天我沒有認識到自己與詩歌間微妙而強烈的聯繫，我的生活該會有多麼不一樣？或要是我忽略這件事，只將其當作回家功課呢？

這讓我想起了一個重點：**救生圈扔到你面前時，你必須實際伸出手去抓。**

幾年後，龐克搖滾在極其重要的時刻現身了。彼時我早已聽天由命。當我感到生活各方面都遭人排擠後，我得出了結論，這段人生永遠不會讓我好過太多。你能想像嗎？一個人在十二歲時就已經放棄對幸福的全部盼望？沒錯，我的生活就是這麼痛苦，而這在當時似乎是明智之舉。不要設定太多目標，也不要有夢想，只要安安靜靜過完平庸的一生。沒有冒險，就不會受傷，這樣至少不會感到失望。是的，我安於現狀。你能與這些想法產生共鳴嗎？

就在那時，我接觸到了龐克搖滾。這個世界由怪胎親手打造，擁抱每一個人，允許我們表現出混亂、複雜的自我。任何人都可以組建樂團。真的嗎？沒錯，**任何人都可以**。

那時，我得知自己的生活將被徹底顛覆：我必須跟父母一起搬到佛羅里達州的消息讓我備感震驚。我的哥哥麥可和姊姊蘇珊早已離家，開始自己的生活；弟弟史蒂夫則會留在紐澤西州。我義大利裔的祖母會從匹茲堡搬來與我們同住。我所熟悉的生活和舒適圈都將消失，包括我的家、社區、教會、校園生活和我認識的每個人。我在萊奇伍德社區的生活

雖然不能說很棒，但這裡仍是我的家。

　　而且，從我讀幼稚園開始到離開萊奇伍德為止，一直都是被霸凌的對象。就讀紐澤西的高中時，學校同學會在走廊上對我大喊「怪胎！」和「捲毛女！」當時我還不知道比起之後的生活，這還算好的了。我花整整一年才認識學校的其他怪胎，他們都是高年級生，最終我們成為了朋友。我只是還沒做好離開的準備。

　　在搞懂怎麼搭公車去紐約後，我一邊藉口去朋友家住，一邊到傳說中的 CBGB 酒吧（龐克搖滾樂的發源地）玩。我一進去，一股難以忍受的汗味和陳年啤酒臭味便撲鼻而來，而酒吧的浴室磁磚上貼滿了各個樂團的貼紙和塗鴉。那裡聚集了很多跟我有相同愛好的青少年！太棒了。我滿懷希望，大喊：「我還不能走，我還在尋找我的歸屬！」

　　還有另個讓我心煩意亂的擔憂，這種直覺般的預感，讓我胃一陣翻攪。部分的我知道我不僅僅是要搬去另一個州，而是一個人群組成和理念都不同的新地點，我的心態也得跟著轉變。那裡的學生完全不認識我，更不可能接受得了我這種怪胎。現在回想起來，我發現自己的直覺讓我做好了心理準備。請別忘了，你的直覺會引導你，為你指引正確的方向。

　　第一次踏入塔彭斯普林斯高中時，我害怕得不知所措。當我看見那幾棟分布在開放式校園內的建築時，心跳就因為焦慮砰砰作響。媽媽建議我，轉學第一天不要讓「外表」那

麼突出。於是，我把尖尖的莫霍克（Mohawk）髮型梳到一邊，放棄了濃烈眼線，甚至穿上媽媽買的一件普通襯衫。但這麼做根本無關緊要，因為從我去到學校的那一刻起，麻煩就出現了。

當我走在外面的走廊上時，經過我的每個人臉上都帶著明顯嘲諷，嘴巴微張發出噓聲。一切都完了，藝術家呢？話劇社的學生呢？搖滾派呢？**我的同伴都他媽的在哪？**

後來我在等公車時，認識了一個跟我住同棟公寓大樓的紐約女生，塞拉菲娜。我們上課的時間一致，所以會一起搭公車，在漫長的車程中坐在彼此身旁，分享在南方的新生活和遇到的各種怪事。塞拉菲娜是個混血兒，既高挑又時髦，至今我仍不曉得為什麼這麼漂亮、幽默又聰明的女生會跟我搭話。可能因為她來自紐約，遇過很多像我這樣的人，所以並不覺得奇怪吧。

我們一起感嘆三州生活（也就是紐約、紐澤西和康乃狄克州）不復存在，開我們碰到的鄉巴佬和其井底之蛙心態的玩笑。我記得她說：「他們的口頭禪『這個』到底是怎麼回事？『這個筆、這個書』。難道他們不覺得這樣很蠢嗎？」我笑了出來，因為我也想過這件事。

但在幾個月後，塞拉菲娜便去到別桌，跟其他黑人學生一起吃午餐，我們各吃各的。搭公車時，她開始自己一個人坐，假裝我們不認識。我很難過，我想是我在學校很快就被

大家孤立的緣故，她大概不希望那些朝我丟來的垃圾——無論是真的垃圾還是口出惡言——會波及到她。沒有人願意被連帶傷害，尤其是那個年紀的青少年。

　　一直到現在，這麼多年過去了，我才對此有更全面的理解。當時我們不再像身處於較為開放的紐約或紐澤西那般容易被接納。作為一個在種族主義學校裡長大的有色人種，塞拉菲娜覺得人多力量大，也更有安全感。她需要跟能和她感同身受的人待在一起。為什麼呢？因為這樣就不會被欺負。

　　儘管那時候我覺得她在針對我，但現在回想起來，我猜塞拉菲娜跟我絕交的原因跟我可能沒什麼太大關係。但當時我卻無法理解她被排擠的心路歷程，我們的遭遇大相徑庭。

　　最終我還是找到了屬於我的同伴。麥可比我大一歲，他和他的死黨克里斯和盧都喜歡龐克搖滾，還組了一支樂團。某次集會結束後，一位同學介紹我認識克麗絲・梅迪納，另一個喜歡龐克的胖女生。她有一頭烏黑亮麗的捲髮，穿著一件紫黑色的蕾絲襯衫。得知她來自紐約讓我很高興，但我們只在一起玩了幾個月，她便搬到北方了。我們來回寫了很多長信，信中都會寫到「我真的好好好好好好好好好想妳喔！」這句話（直到今天，她仍是我很喜歡的一位朋友）。這件事讓我意識到，一旦有人進入我的生活，總有一天遲早會離開。

　　雖然我很內向，但在某天，我突然覺得自己應該要主動一點。我很想念兄弟姊妹和家鄉的每個人，然而，這份孤獨

感不會消失，需要自行想法子填補。我的高中有一點令人匪夷所思，那就是每天都會有新的轉學生報到，而且幾乎來自全國各地。如果有哪個人哪怕只釋放出一點「怪怪的」氣息，我都會遊說他們加入我這一夥。

某天，麥可上課時告訴我：「今天轉來一個女生。她是紐澤西人，頭髮剃了一個 X。」我答道：「那她將會成為我的朋友。」我花一天的時間才找到她，告訴她這所學校有一群很酷的人。史蒂芬妮很漂亮，流露出充分自信，不太需要我的幫助來交朋友，但總歸是跟我們混到了一起。

當下我跟塞拉菲娜一樣，也意識到了人多力量大。因為即使交了新朋友，我在學校還是常常被欺負，而且情況日益嚴重。我越來越不想搭上那輛開往學校的公車，甚至根本不知道是否能打開我的置物櫃，因為一直有人把我的密碼鎖鎖孔黏住。我每個禮拜都會把這件事上報學校，而他們會派管理員用鐵鉗把密碼鎖剪開。管理員總是同情地看著我，一副「噢，又是妳呀」的樣子。期間我絕對弄斷了不下二十把鎖。

學校還盛傳著一些謠言，像是我是同性戀，或我崇拜撒旦，還會虐待動物或吸毒。如果你看過同性戀是怎麼和其他三者被混為一談，就會知道我面對的是怎樣的歧視言論。對他們來說，這些都一樣糟糕。有趣的是，我是龐克搖滾中的直刃族，在當時，這代表了我不喝酒、不抽煙、也不吸毒。儘管我不是同性戀，但我確實和學校的同志都成為了朋友。

雖然當時是八○年代中期，文化俱樂部（Culture Club）樂團的主唱喬治男孩（Boy George）出了很多夯曲，諷刺的是，那時沒有人「出櫃」。但我的第六感總能讓我認出那群人，我覺得有朋友對他們而言是好事，也保護他們。我甚至在明白同性戀的處境前，身邊就有同志朋友了。我只是覺得跟他們在一起很有安全感，也為他們所接納，而且很開心能給予回報。我們邊緣人只是互相吸引，互相關照，邊緣人同伴也能成為救生圈。

一個重生的基督徒學生和他朋友一直致力於「拯救我的靈魂」。我會在我的筆記本、書封甚至背上發現「主耶穌救罪人」的貼紙！顯然，他肩負著使命，只不過弄錯了對象。我試圖與他講理，並向他解釋我是一個愛上帝的好人，我從來沒有傷害過任何人。但他並不買帳。這是我第一次感覺到那個地方的宗教本質和其他地方非常不同，即使在公立學校也一樣。

我每週日都會和父母一起上教堂。在紐澤西州，我們家是住在天主教社區的天主教家庭。儘管我一直對這個傳統宗教的教義有很多質疑，但仍崇敬著內在的靈性力量。那是和學校體驗無關的。而在學校所發生的事帶有一種怪異的狂熱氣息，令我不知所以。

在這所謂的非宗教的高中裡設有基督徒團契，回家作業中包含《聖經》。數學課一個女同學告訴我，她去的教會都

用方言禱告，在她至少跟我解釋四次後，我終於放棄理解；還有人跟我分享他父親參加「帳篷復興」（Tent Revival）[2]，甚至還會用毒蛇來測試信仰。我內心總會吐槽：「這到底是在幹嘛？！」此外，還有山達基教徒。他們似乎大多獨來獨往，但會悄悄地把一本小冊子塞給我。我一直在想，**猶太人、穆斯林或無神論者會如何看待這種現象？這學校為什麼不適合所有人就讀？**

似乎越來越多人想拯救「陷入困境」的我。對他們來說，我不是一個活生生的人，而是可以被他們貼上標籤的危險局外人。**有些人就是喜歡憑空製造衝突。**如果神就是愛，那麼這裡究竟發生了什麼？這裡發生的一切都不是出於愛，甚至可說是毫無關聯。這更像是對一個他們根本不了解的人施加恐懼、壓迫、仇恨和尖銳的審判。

他們對我的認識只停在穿著打扮上。他們不了解拯救折斷翅膀小鳥的我；不了解為任何被欺負之人辯護的我；以及那個每當夜裡輾轉難眠時，還會對上帝說話，思索自己到底哪裡做錯了的我；對有任何需要幫助的人，我也會伸出援手；從一年級開始，我還會聽任何需要發洩心情的人訴苦；為人們保守祕密、絕不透露半分的我。**這樣的我，是問題所在嗎？**

或許當時的我自尊低落，但我仍確信完全不是這麼回事。

2　編註：「帳篷復興」（Tent Revival）也稱為帳棚聚會，是基督徒透過帳棚作為場地，舉辦傳福音和醫治布道會等活動。

如果他們認為**我**很邪惡，那麼我反而覺得他們宣揚的一切顯然都不可信。我對自己和他人的充分了解，讓我足以明白這點。而這些經歷和之後發生的事，使我對上帝與所有宗教充滿怨恨。我沒有接受他們的思維模式，反而極其叛逆地全盤推翻。

然後有一次，我被一名美式足球隊隊員一把抱起，並朝置物櫃扔去。當時是上課時間，我忍不住要跑趟洗手間。我手握通行證，跑在本以為空無一人的走廊上，突然聽到背後有腳步聲。我一轉過身，便被抓起來猛地扔出去，撞到金屬質地的置物櫃後，整個人便摔到地上。這一切發生得太快，驚嚇之餘，我的眼角餘光只來得及瞄到一件美式足球夾克。

我愣在原地好幾分鐘，渾身發抖地拖著瘸了的腳回到教室，並沒有向任何人提起這件事。這是創傷經歷很典型的反應。即使到現在，我仍不確定說出這件事後會有什麼後果。告狀從未帶來任何改變，邊緣人在被欺負時往往會被指責，好像被誤解或嚴重霸凌都是我們的個性害的，而非施暴者的蓄意行為。

並且，指責者通常會加上「你為什麼不能更 ＿＿＿ ？」、「如果你更……（或更不……），就不會被欺負了」或「你穿成那樣吸引大家注意，別人做出反應後又生氣」的話。我敢說學校的每個大人都清楚發生在我身上的事，他們卻未採取任何行動阻止。或許有些人相信關於我的負面傳聞，就算

我的文章屢屢獲獎而且成績優異也一樣。

　　當時的我每天都充滿煎熬。搭公車時，會有彪形大漢用吸管將濕紙團射到我的頭髮上；還有人拿棍子絆倒我，害我臉著地；我的手臂上也有拳打腳踢造成的瘀傷。就在我終日惶恐不安，滿是焦慮地準備迎接另一次霸凌時，我漸漸撐不住了。我開始崩潰，如果上帝真的存在，為什麼會允許這樣的事情發生？其中還有人是以神的名義而如此做，千真萬確！我不只一次這樣想：「**神呀，我的神呀，祢為什麼拋棄我？**」我失去了我的家、小鎮、朋友和教會，現在每天還要置自身於危險當中。

　　我十六歲生日就是很好的例子。當時，我已經陷入深深的沮喪之中，拋棄了自己曾經堅持的所有信念。生日當天，我關在房間裡哭了一整天。那年媽媽從「The Limited」買了份禮物給我；當時受歡迎的女生都會去那家服飾店買衣服。當我打開禮物包裝，看見這件鵝黃色毛衣時，卻徹底愣住了。那件衣服是正統的八〇年代風格，顏色鮮豔，還有大大的墊肩，我穿起來簡直是星期三‧阿達（Wednesday Addams）的翻版。我抬頭看她，又低頭看著毛衣。我知道這個禮物是媽媽送給她所期望中的女兒，而不是真實的我。

　　這一次，我再也無法假裝無事發生。我把毛衣還給她，毫不客氣地要她退回去。我就跟所有青春期的女孩一樣，一直期待十六歲生日會甜蜜而特別。

　　我感覺就像電影《少女十五十六時》（*Sixteen Candles*）的珊曼莎一樣（這不是第一次，也不會是最後一次這麼覺得）。但我必須提出一則觀點，除了為我父母，也為全天下所有父母辯護，畢竟大部分父母都不希望自己的小孩異於常人、偏離常規或不被接受，因為這對他們來說實在太痛苦了。父母希望他們的孩子能為他人所接納，而且表現「正常」，才能安全長大。而老實說，沒有人希望小孩讓自己沒面子。

　　孩子在來到世上時，便被父母寄予厚望，且受到社會風俗的規範，各方都為他們的成長過程付出諸多精力，社會的期待也日益攀升，而被期望者總是對此感到龐大的壓力，就連那些看似「正常」的非邊緣人也不例外。畢竟，生活在聖經帶的人不只有我，還有別人也住在這裡。

　　在學校引起這麼大的轟動後，我相信整個小鎮都聽說了。雖然我不是很清楚，但我猜我父母肯定也承受了批判和謾罵。他們生我的時候年紀已經偏大，比朋友的父母還要年長一輩，所以我反抗的其實是他們更保守過時的價值觀。

　　從我的角度看來，我在當時和現在都不明白，為什麼有人這麼關心別人的穿著。我再次強調，我知道自己是個好人，而他們為什麼不放過我，這樣難道還不夠嗎？我實在無法理解他們為何頻頻批評我的髮型和穿著。

　　但有一點很重要，而我也確實知道這一點：只要我**願意**融入，生活對我們所有人來說肯定會容易許多。然而我非要

自己去買布，親自縫製自己的服裝，其中包括一件看起來像黑色漆皮的舞會禮服，還在我的莫霍克髮型中間髮尖的部分綁上緞帶玫瑰（星期三‧阿達肯定會感到讚賞！）。現在我很明白：我來到地球上不是為了安逸生活，而是為了充實地度過一生。

孩子不只是某人具有血緣關係的縮小版，更是一個獨特的靈魂，帶著屬於他們的靈魂使命。當然這對他們的照顧者和其他經歷過生活失望的其他成年人，像是老師而言，是難以接受的。

看到有人因為與眾不同而被霸凌、說閒話、嘲笑或排擠是很讓人難受的，我敢保證在你生命中有所接觸的每個大人，都曾目睹過如此慘痛的遭遇，甚至他們自己可能就歷過類似的對待。

我父親身材高大，同時也是很傑出的運動健將和美式足球員。他告訴我，是運動拯救了他，讓他在學校免於被嘲笑，而我們兩人都很確定，這種情況是不可能發生在我身上的。

我家車道上安裝了一個標準規格的籃球架，對於高個子家庭來說是個明智投資，我猜他是這麼想的。但當他在某個晴朗的午後花四小時教我運球和投籃，我卻一直把球投超過籃筐，掉到後方的草叢後，他看到了我的不足。我的 M2T 故事將會有與眾不同的發展。只是他不知道而已。而在當下，我也尚未察覺。

我抓住了兩個救生圈，寫作和龐克搖滾，來助我度過困境。寫作是我的治療工具，是個能讓我表達創意的地方，同時為我帶來成就感。因為我有重度焦慮，寫作也能讓我將無法開誠布公的想法表達出來；龐克搖滾則讓我結識了一群可愛、美好的怪胎夥伴，一個充滿了愛、接納和安全感的團體。我們會幫彼此互相錄製混音錄音帶，分享大家都很風靡的新樂團。

我們總是格外留意離經叛道者，像是：「你有看到那個留海膽頭的傢伙嗎？」在無數場龐克搖滾的演唱會中，我們在臺下起舞、上蹦下跳時，遇見了氣味相投的同類，並一起觀看那些同樣為從邊緣到先驅者在舞臺上的表演。**我們崇拜的英雄是那些決定完全做自己的人，他們做自己的音樂，並開拓自己的命運。**

我們會相約去泳池玩抱膝跳水、在購物中心閒逛好幾個小時、光顧彼此打工的速食餐廳；透過分享自己的難過、困惑和憤怒而互相安慰。雖然當時的我對生活絕望，想要回去紐澤西，再次投奔那位於紐約附近的心胸開闊之地，但事實上，我們會變得如此親近，正是**因為**大家都身處佛羅里達。

雖然我確實是住在異鄉的陌生人，但我並不孤單。由於世人的誤解，我們危機四伏，有人能伸出及時援手是很重要的；我們無法隱姓埋名，所以必須互相關照。

後來，我都在紐約市度過了二十多歲的多數時光，我發

現在一個人人與眾不同，怪胎比比皆是的地方，人與人之間反而較難建立真正的連結。我的社交圈、創意和興趣的救生圈，一直延續到十幾年後的今天。當我一年回佛羅里達幾次探望家人，跟這些老友相聚時，那份愛依然存在。

那就是救生圈的意義：你在某個時候抓住它以防溺水，其中有些能助你度過餘生。

我想分享這段經歷，是出自以下幾個原因：

我想讓你知道療癒是真實存在的。我的創傷經驗和缺乏支持，並沒有阻止我創造美好的生活。事實上，上述很多經歷，都促使我開闢了屬於自己的道路，為我帶來莫大的幸福。我知道很多曾批評我的人都認為我最後會活得像山怪一樣，然而，他們看不到真實的我是什麼樣子，不論過去還是現在。

一切都可治癒，我是說，**任何的一切**。相信我，過去發生在你身上的事不一定會成為阻力。我向你保證：你也能治癒，並學會愛自己，過著美妙的生活。

從邊緣到先驅者之所以格格不入，是因為**我們學會了不屈服於社會壓力，而是遵循內心的指引。**

我們都會被救生圈所拯救的。

M2T
日誌時間

1. 想想過去及現在那些讓你感到自滿的時候。你從何時開始放棄、變得麻木不仁並妥協？寫下當時發生的事以及影響你的想法和感受。

2. 想想你摯愛的人們和興趣，裡面有你的救生圈嗎？若是如此，當你接觸到他／它們時，生活發生什麼變化？你感覺如何？

3. 回顧你的過去，是否有你可能錯過的潛在救生圈？當時發生了什麼事？你是否說服自己放棄？怎麼辦到的？

4. 現在，我們開始設法治癒你過去受到排擠或霸凌的影響。例如，我的目的是治癒過去受到的傷害。這股低潮能量對我沒有幫助，因此，我願意療癒自己，展現我的本質，使其蓬勃發展。現在，我接受自己的所有部分。

快速自我檢測 M2T表單：語言的力量 #1

　　語言擁有某種能量，向我們傳遞了其最常見的含義。我們怎麼描述自己與他人，對我們的潛意識有非常強大的影響。請參考下列不利詞彙和更溫和、創意、獨特的有利詞彙，後者同時也是更好的替代詞。

不利詞彙	有利詞彙
名詞	
邊緣人	先驅
魯蛇	奇人
怪胎	空想家
異類	離經叛道者
孤僻者	內向者
棄兒	浪人
飄泊者	冒險家
外來者	自由思想家
宅男／宅女	電腦通／學者／專家

不利詞彙	有利詞彙
形容詞	
挑剔	講究
古怪	不尋常
怪異	神祕
毛骨悚然	神奇
奇怪	創意
反常	超自然
瘋狂	怪誕
詭異	另類
奇異	非凡
可笑	有趣
驚人	驚奇
荒謬	稀奇
奇特	獨特
好管閒事	好奇

04

我們一直都在：
從邊緣到先驅者的
常見原型

「我們被創造出來是有目的的。
身而為人，感到孤立和孤獨是很稀鬆平常的事。」
——克麗絲・費拉洛

自人類進入信史時代以來，一直都有從邊緣到先驅者的先例存在。我無法透露太多，但：我們被創造出來是有目的的。身而為人，感到孤立和孤獨是很稀鬆平常的事，所以本章將探討一些常見的人格原型。倘若你發現自己的情況與下列一種或多種特質相吻合，這些資訊將幫助你駕馭自己日益增長的認同感和願景，看看你是否符合下列任一或多項描述：

- 反骨者
- 吹哨人
- 幻想殺手
- 吐實者
- 奉獻鬥士
- 祕密特務
- 新創意家
- 心靈感應者

◐ 反骨者

此為我個人偏愛的原型。反骨者的存在是為了打破常規，他們往往會大張旗鼓地以挑釁的方式，突破所謂通常可被接受的事物。這群人往往對自己和他人一直遭到打壓和控制的方式感到厭惡。他們標新立異，時常以引人注目的方式表達自己。

　　反骨者的存在是為了喚醒周遭每一個人，為手無寸鐵的人挺身而出，成為勇氣的榜樣。反骨者帶給我們所有人的禮物，就是他們壓根不在乎別人的想法！他們最擅長讓別人感到不自在。

　　反骨者需要警惕的是自己是否會為了反抗而反抗，而非為了更深層的目的。

◯ 吹哨人

　　我必須先說明，沒有人**自願**成為吹哨人。這個原型會自行挑選出符合條件的人。吹哨人目睹，甚至親身經歷公司、機構乃至家庭中的不公正或腐敗行為。一切都源於某種認知，有時候來得很突然。

　　吹哨人會在按照規章行事時，突然意識到不對勁 —— 陌生的感覺油然而生，機制出現了問題，情況不再令人安心。或者他們根本不知道這些慣例、政策和模式已行之有年，而後，他們就覺醒了。

　　也許是工作的工廠工人發生了意外，而他們目睹工廠對事發經過不實的闡述，僅是為了不讓家屬繼續享有配偶福利；也許工作條件很危險，一位同事試圖組建工會，結果其工時反遭縮減，其他人則承擔了所有最艱鉅的工作內容；也許是父母其中一人過世，隨著遺囑公布，才發現遺囑早已被人不正當竄改，除了操作遺囑的家族成員，其他人均被排除在

外──這種情況很常見，社會上竄改遺囑的問題層出不窮，很可能與各形式的失智症一樣逐步增加；又或者是他們的死黨在某次大學聯誼派對上遭到性侵，大學管理層毫無作為讓他們感到沮喪。此時，世界在他們的眼中已產生巨大變化。

覺醒並不常見，這是一個緩慢的過程，當發現事情不太對勁後，他們會壓抑並盡力消除這種感覺。這麼做可能是出於非常實際的原因，像是認為自己的就業選擇有限，或需仰賴獎學金才能讀大學。

老實說，要站出來發聲真的很難！他們的社會接受度、生計甚至連性命都面臨著巨大風險。

儘管受到法律保護，但我從未見過不對吹哨人自身造成重大影響的實例，即使他們揭露的罪行並未直接傷害他們。把黑暗帶入光明需要極大的勇氣，讓我們一起祝福全世界的吹哨人。**他們要對抗的是看似不可撼動的事物，這就像一種覺醒**，突然能清楚地看到過去視而不見的東西。雖然吹哨人很希望自己可以轉過身，裝作不知情，但他們沒有那麼做。他們拒絕與因為恐懼或冷漠而置身事外的人們同流合汙。吹哨人能夠從內心獲得極大的勇氣，為正義而戰。

如果你是一名吹哨人，**擁有堅決的心靈至關重要**。人們很容易關注知名度高的組織、領袖和那些比你擁有更多權勢者的力量。但請別忘了，宇宙的力量浩瀚無窮，精神支持系統將讓你獲益良多。

吹哨人的相關電影：

- 大陰謀（*All the President's Men*）
- 永不妥協（*Erin Brockovich*）
- 驚爆內幕（*The Insider*）
- 發明家：嗜血的矽谷（*The Inventor: Out for Blood in Silicon Valley*）
- 諾瑪蕾（*Norma Rae*）
- 郵報：密戰（*The Post*）
- 絲克伍事件（*Silkwood*）
- 神鬼駭客：史諾登（*Snowden*）
- 驚爆焦點（*Spotlight*）

◐ 幻想殺手

　　我一直對觀察那些以莫大勇氣挺身而出，戳破我們幻想泡泡的人饒有興趣。這已成為了現代現象。好像每次上網的時候，我都會看到幻想殺手的發言：「噢，你以為這很棒、很令人嚮往嗎？你覺得那個人很完美？我這就讓你看看事實真相！」

　　英國王室的哈利王子被大眾視為反骨者好一段時間了，他在青少年和剛成年期間狂放不羈的行為，在習慣批判的公

眾面前飽受審視和爭論。由於長期被忽視，我不驚訝他最終會成長為幻想殺手這樣的角色，這是由他的母親黛安娜王妃所樹立的榜樣，後來他似乎不情願地擔當起接班者的重任。

哈利王子娶了一位離婚的美國混血女演員，但其荒唐行徑卻並沒有就此止步。當他和他的妻子梅根·馬克爾（Meghan Markel）辭去王室職務時，引起王室的強烈反彈，以及公眾對他們夫妻倆的大量指責和羞辱。他們後來接受歐普拉（Oprah）的專訪。**歐普拉**的專訪！

在這次專訪中，他們揭露了英國王室的內部運作方式。王室並不單純只是家庭，而更像是一間實體企業，其殘酷鬥爭讓人大開眼界。這個家庭不僅僅是組成複雜、聲望卓著和盡職盡責，實際上，其內部還有一個組織，王室成員必須遵循這個組織的指引，這個組織指導了他們日常生活中的細節和人生歷程。

哈利和梅根在訪談中透露，他們被剝奪了心理健康和適當的安全保障。無論你相不相信，這次專訪的目的，顯然是要將殘酷的現實注入數百年來人們營造出的王室幻想中。

幾十年前，黛安娜王妃也曾向媒體分享她失敗的婚姻和王室生活壓力的私密細節。截至寫到本段落，哈利王子的回憶錄《備胎》（暫譯，*Spare*）已首刷出版，並且和嘉柏·麥特（Gabor Maté）醫生就創傷問題展開公開對談。

當你想到王室時，腦中會浮現什麼？

權力和威望；優雅和體面；傳統和安定；輝煌和美麗；數百萬人的傾慕以及坐擁驚人財富之人。他們很特別，非比尋常，比一般人更出色，基因和血液中流淌著歷史和至高無上的權力。

我並不是故意要激怒英國人民和世界各地王室的粉絲，絕非如此。我是為了從靈性的角度提供另一種觀點：**幻想最終會破滅，真相得以浮出水面。**真相似乎總會占上風，即便需要數千年的時間才終得以揭露。當然，眼睜睜看著一直擁有鼓舞或撫慰人心作用的幻想泡泡破裂是痛苦的，這些失望可能令人深感悲痛。與此同時，真正的愛也會出現，所謂真誠的愛。有時候，有缺點的人會帶來慈悲和理解。

但從靈性角度來看，我們都是宇宙的子民，生而平等。通常，**我們會因為自我貶低而抬高他人。倘若我們把其他凡人捧得太高，他們必然會跌落神壇。**幻想對這些人及其崇拜者都不是好事。

但這不代表你不能從他人身上尋找靈感。

為什麼幻想殺手很重要

這天，莎夏的先生聯繫我尋求幫助。「她一整天都沉浸在幻想的世界中，無論是上班時間還是在家都一樣。她老闆也因此打給我。現在情況已經嚴重到我甚至無法和她正常交談的地步，而且我也怕她會丟掉工作！」

　　我能理解他的煩惱，但我同時意識到，如果莎夏每天花那麼多時間在幻想中，也是因為這種方式可以滿足她放鬆的需求，只不過方法不太健康和平衡。

　　學齡前的莎夏富有想像力，喜歡塗塗畫畫、寫短劇。從她的年齡來看，她的身高算是特別突出，然而這樣的身高使她一度寧願隱身消失，尤其其他孩子總會對她口出惡言或捉弄她。

　　後來莎夏發現一款模擬類型的遊戲，便埋首創建自己的網路世界。在模擬世界裡，她能獲得自己一直渴望的安全感和認同感！她可以大膽、性感且自信，還能盡力表達迄今為止都未曾展現出的部分個性。上了大學後，她遇到了先生，也第一次感受到人與人之間真正的連結。她先生也有同樣的感受，因為他在十幾歲時也經歷過自己的邊緣人時期。

　　大學畢業後，兩人很快便同居，沒過多久，莎夏就對「熱戀期」過後的生活感到措手不及。長期的戀愛關係和同居生活頓時面臨了許多挑戰，由於不知道該怎麼應對這些困難，她又轉向回到能讓她安心放鬆的模擬世界。她開始花更多的時間待在這個世界裡，直到干擾到現實生活。

　　當我見到她時，她其實也很清楚這點。她在模擬世界的生活很輕鬆、迷人、令人振奮，當意識到這個遊戲已經影響到她的工作和人際關係時，她依舊無法自拔。幻想確實會讓人上癮！同時，就好像肚子餓了，你卻用食物的照片取代一

頓美味飯菜，依然會感到飢餓。後來我們一起努力治癒過去的心理傷痛，同時培養更好的溝通技巧，以及一套舒壓的實用技能，同時專注在這段關係中進展順利的事。

如果你仰賴幻想來讓痛苦的生活變得可以忍受，請記住：**任何解脫都只是暫時的。這麼做終究會對你造成極大的傷害。疼痛的存在是為了引起你的注意**，無論是肌肉拉傷、工作惱人或心碎，疼痛會告訴我們：「出問題了！看這裡。」幻想就像替代搶救手術的麻醉劑，等你醒來後，疼痛及其原因依然存在。

你可能會想：「但你支持利用視覺化創造自己想要的一切，這跟幻想不一樣嗎？」值得注意的是，幻想和視覺化兩者的確有所不同。如果幻想能幫助你顯化，那麼我們每個人都能跟自己心目中的偶像建立牢固的戀愛關係。哈利・史泰爾斯（Harry Styles）、千黛亞（Zendaya）、席德妮・史威尼（Sydney Sweeney）、雷傑—尚・佩吉（Regé-Jean Page）和尼爾・派屈克・哈里斯（Neil Patrick Harris）各自都會有成千上萬個另一半；每個青少年都會跟自己深深迷戀的對象手挽著手散步；我們都能駕駛夢想中的車款去大溪地渡假。**我們很容易就會愛上幻想。畢竟，幻想並非真實。**

而幻想殺手打破了讓我們集體上癮的幻想。讓我們得以擁抱真實的自己和他人，我們每個人都一樣美麗。試想一下這樣的時代：**愛每個人原本的樣子，而不是他們做作、完美**

的**表象**，這才是一個健康、自由的世界。從邊緣到先驅者將這一點傳播出去，讓每個人都能看見：即使是怪胎也值得偉大的愛。

○ 吐實者

　　我從十幾歲開始，就住在距離山達基教發源地 —— 佛羅里達州清水市僅僅幾分鐘路程的地方，因此對邪教十分著迷，包括邪教是怎麼發跡的，人們為什麼加入邪教，他們為什麼會遵守教規，從中又能得到什麼？

　　如今眾所周知，邪教通常是由一群非常聰明、富有愛心、樂善好施和特別勤奮的人組成。而這些人怎麼會被捲入一個從外面看來古怪、控制欲強甚至危險的群體呢？

　　我找到的答案和其他不被理解或危險選擇的「因子」相同：每個人都需要愛，這是我們活著的最大動力，也讓我們甘冒風險去追求。**對於缺乏愛的人而言，他們會在本不應該有愛的地方看到愛。**然而，我們當中又有誰沒有因為認為自己會被愛而犯錯呢？

　　我認為每個人都需要捫心自問：我在哪方面會因為別人而否定自己？當尋求愛時，我在哪方面會讓自己受到傷害？

　　永遠不要低估否認所帶來的可怕力量。否認代表內心阻止我們了解真相的能力，而這往往是因為真相會招致痛苦或令人震驚。舉例來說：一名青少女直至臨盆前才知道自己懷

孕了。雖然她的身體出現所有正常懷孕的跡象，但出於恐懼、尷尬和羞恥，她向自己隱瞞此一事實，直到宮縮而發生陣痛。

　　一名宗教團體的董事成員在徹底檢查財務紀錄和預算時，目光一次又一次被一筆似乎無從解釋的支出吸引，但他從不向自己或其他成員提出質疑，他從未想過這筆錢或許不太對勁。後來，當該宗教領袖被指控貪汙時，人們問他：「你為什麼沒發現？」

　　很多邪教成立之初並非為了控制和虐待成員。事實上，很多人起初抱持著非常積極正面的意圖，希望發展成一個充滿愛心的社區，培養善良的品德，讓世界變得更好。問題在於，權力容易使人墮落。如今，我們正處於一個濫用權力現象曝光量驚人的時代，而「#Me Too」運動就是很好的例子。

　　起初，一些勇敢的女性向大眾訴說她們遭受性侵的故事，以及這些經歷是如何被他人利用和掩蓋，後來演變成各行各業的女性紛紛出聲抵制各種形式的性騷擾。有趣的是，我們同時生活在一個濫用權力不僅會被曝光，還會被加害者的粉絲公開讚揚這般行為的時代，而這些加害者的身分可能是名人、罪犯，甚至政客。該現象當然不會鼓勵人們遵從道德，而任何未經質疑、挑戰和檢驗的權力，極有可能由此而生。

　　這時候就輪到吐實者登場了。他們要麼一開始就對此存疑，要麼將原來所否認之事的假象打破，所以他們看到了難以動搖、不體面，甚至於令人厭惡的事實。他們認識到諺語

「房間裡的大象」（Elephant in the room）代表什麼，現在明顯有個問題，就像一頭大象般醒目，但所有人都假裝它不存在，通常忽視的理由還很充分。然而，直言不諱可能會讓吐實者付出某種程度的代價。

那些「大象」把整間公司和政府搞得雞飛狗跳，令其領導者束手無策，而讓大象悄然無息四處踐踏，這本身就不合理。因為**真相就是真相，不管怎麼忽視，都不會真正讓事情永遠消失。**

於是，吐實者據實以告，他們將真相公諸於眾，和盤托出。使用的方式可以溫和而委婉，也可以是清晰且直觀的，吐實者讓那些被壓抑的得以被揭發出來。

舉例來說，一家行銷公司召開會議討論客戶的廣告投放策略。他們在該策略投入了大量時間、精力和金錢，目前已進入員工討論表決的階段。然而，其中有則廣告可能會冒犯到某個群體，除了企劃團隊外，每個人都看到了問題所在。

這時，一名員工舉手表示：「這樣的內容可能會遭到誤解，傷害到某個群體。如果上了這個廣告，我怕會造成大眾對公司和我們的強烈反彈。」

再舉一個例子，某處正在舉行一場大型家族聚會。眾所皆知，表妹海瑟有嚴重的酗酒問題，之前許多次假期都因為這個問題泡湯了。在這次聚會中，許多家庭成員都喝酒慶祝，然而海瑟卻開始口齒不清，甚至不小心失去平衡，撞倒並打

破一座小雕像。

其他親戚圍了過來，輕聲說：「沒事沒事，別擔心。」於是海瑟繼續喝酒，脾氣也慢慢上來了，她大聲指責妹妹偷了她的錢包。此時，家族中的吐實者，表哥卡洛斯站了出來。他說：「海瑟，沒人偷妳的錢包。老實說，妳已經酗酒成性，並且需要幫助，妳是在傷害自己和其他人，這讓我很擔心。等妳酒醒後，我們會再來談論這個問題，我會幫妳聯絡可以提供妳幫助的人。」

也許吐實者並未得到在場所有人一面倒的支持和寬慰，甚至會有一些人指責他破壞聚會氣氛，但卡洛斯知道，**愛有時意味著要說不好聽的話**。說實話可能會帶來麻煩，讓你失去朋友、工作和機會。而對於大多數人而言，吐實者可能不會是他們首要邀請的對象！沒錯，說實話會讓別人覺得不舒服，而且說出實情也幾乎不會讓人感到痛快。但只有把隱藏在黑暗中的東西帶入光明時，我們才能被治癒，「大象」從不會平白無故出現在房間裡。

如果你是一個吐實者，你可能因為不想傷害任何人而一直壓抑實情。畢竟，沒有人願意被拒絕或奚落！這也是為什麼邊緣人往往發現自己其實扮演了吐實者的角色。會被拒絕？沒差啦，我們早就習慣了！

現在開始跟他人一起鍛鍊說實話的能力吧。練習跟周遭的人吐露難以啟齒的事情。嘗試發起小組會議，看看自己對

不同觀點的接受度如何，然後練習在日記中完全對自己誠實，提升你的適應能力，如此一來，當你發現需要說些難以開口的話時，也可以輕鬆地做到。

◯ 奉獻鬥士

> 「他們首先忽視你，然後嘲笑你，接著攻擊你，最後你贏了。」
>
> ——聖雄甘地（Mahatma Gandhi）

噢，我好愛這群人！我們每個人都必須感謝世界上為正義而戰的奉獻鬥士，他們是推動進步的社會運動領袖。無論你的政治傾向為何，有些事情我們幾乎所有人都能達成共識。

我相信大多數人都認為孩子不應該長時間從事危險的工作。但在一八〇〇年代的美國，僱用童工的情況已變得相當普遍，就算是年僅七歲的小孩也是如此。然而，這種情況在短短幾世代的時間內就發生了變化。我祖父十幾歲時從義大利一到美國，便即刻進入匹茲堡一家鋼鐵廠工作。這在今天實在難以想像。一切讚譽全要歸功於促進成立國家童工委員會的奉獻鬥士，他們在爭取立法的過程中，扭轉了公眾輿論。

奉獻鬥士之所以脫穎而出，經常被視為格格不入，是因為他們致力於改革。改革是可怕的，而且會帶來威脅。「如果改革方向錯了怎麼辦？萬一發生不好的事怎麼辦？」**任何已知的進步都曾經過激烈爭論和強烈對抗**，但我們必須勇往直前，我們遵守道德規範，然後全心全意地投入。

佛教徒對此洞如觀火。萬事皆無常，無論我們怎麼努力，任何事都不會一成不變。我們每個人以及一切事物都是由能量組成，宇宙萬物和宇宙本身永遠都處於膨脹狀態，宇宙不僅一直在膨脹，科學家還告訴我們，宇宙膨脹的速度越來越快了，我們非進化不可！

衝鋒陷陣的奉獻鬥士，可能會讓其他人感到不安。當我們已把影集《泰德‧拉索：錯棚教練趣事多》看第十遍了，奉獻鬥士仍在隨時了解情況，將有相同想法的人集結起來，並推動解決重要的問題。他們從**全新的角度**看待事情，看到更好的生活方法，將新的解決方案介紹給全世界。在他們的聲音被聽到以前，他們不打算鬆懈。他們分享的觀點或許會引起爭議，這取決於他們所在的場合，所以他們往往不會在受邀參加新生兒派對的熱門名單上。

身為奉獻鬥士，下述方法可以讓你的旅程更加順利：

1. 利用網路傳播訊息，但**要確保你會放下手機，去社區走走，觀察實際情形**。你需要找到支持你意見的人，一起練習互相鼓勵、彼此支持。奉獻鬥士這條路可能充滿艱辛，有

時會讓你感到不知所措和沮喪。你們可以組成一個緊密的團隊，若有成員陷入絕望，大家可以輪流互相扶持。這是保持堅強的最佳方式。

2. 抽出必要的時間好好照顧自己。奉獻鬥士經常感到一種無情的壓迫感。倘若你不放慢腳步，花時間讓自己恢復活力，將會精疲力盡。前方還有很多事等著我們去改變。這是一場馬拉松，而非短跑，記得讓生活多一點輕快與柔和，來平衡艱難的挑戰。

奉獻鬥士的相關電影：

- 不願面對的真相（*An Inconvenient Truth*）
- 藥命俱樂部（*Dallas Buyers Club*）
- 美味代價（*Food, Inc.*）
- 甘地（*Gandhi*）
- 迫在眉梢（*John Q.*）
- 羅傑與我（*Roger & Me*）
- 她和她的小鬼們（*Short Term 12*）

◐ 祕密特務

與其他人格原型類似，祕密特務也有其特殊目的。他們

能夠讓以往不願給邊緣人特權的系統和機構改變心意。祕密特務在執行一項隱密任務，在周遭的人眼中，他們全是普通人。他們的外表平凡地叫人放心，你很難從一群人中認出他們，而在他們當中，很多人擁有隱形的超能力。

如果你過去曾任職於有人力資源經理一職的公司，現在，請回想一下那個人的形象。我認識的每個人力資源經理，外表看起來都差不多。他們通常是職業化的、冷靜、理智、穿著標準且低調的套裝，也沒搭配什麼太具創意或顯眼的飾品，整體而言，沒什麼記憶點。但他們通常是祕密特務，甚至是最出色的一群。

祕密特務為其老闆和員工工作是有原因的，他們能操辦很多事，是因為他們對現狀沒有威脅。

祕密特務可以引入積極的變革，這是其他人格原型所做不到的。畢竟，一切行動都是祕密進行。祕密特務的超能力在於：能讓周遭的每個人因為他們看似平凡的表現而感到安全，**當祕密特務讓當權者處於舒適圈中，就可以透過委婉和合理的遊說，實現雙贏的改變。**

祕密特務既不會得罪人，也鮮少得到讚賞和表彰，甚至很少獲得榮譽。改革成功後，榮譽往往會由當權者接收，而不是祕密特務。他們只會把事情搞定！

假使你的原型不是祕密特務，那你一生中肯定至少會認識一個，只是你不知道而已。你會被他們克拉克・肯特的外

表所迷惑，卻忽略了其內在的超人[1]。

祕密特務常常潛伏在各種規模不一的公司、地方政府、社會機構、學校系統和大學中。你可能不曉得，當地的圖書館職員，會為你延長閉館時間的蘇西，同時也是一名滑稽歌舞雜劇舞者；還有喬治，那個會讓你想起影集《我們的辦公室》（The Office）中杜懷特·舒魯特一角的行政人員？當他沒有說服老闆在下雪天關門的時候，就是在帶領他的角色扮演團，只是你永遠不會知道。祕密特務喜歡保守祕密，他們認識到這賦予他們多大力量。

> 「當一種特定思維占據某個領域中一群學者的大腦時，他們就捨不得放手，對其產生了強烈的依戀，批評他們的想法就成了對他們本身的批評，於是他們會拚命捍衛。」
>
> ——葛瑞姆·漢卡克（Graham Hancock）

---

1 編註：超人為 DC 漫畫《超人》中的主角，嬰兒時期從外星漂流到地球，被平凡的肯特夫婦收養後取名為克拉克·肯特，並以此身分在地球活動，一旦發生危難，就會變身為超人拯救世界。

⬤ 新創意家

當新創意家進入長期固化的環境中，他們的出現總會伴隨著新鮮的點子。**他們的天賦是能看見一個解決問題的新方法，更好、更有效率也更有用。人們很容易陷入過時的思維，**尤其在出現「我們一直以來都是這麼做的」這句話的時候。如果一個人、一個團隊或整個業界一直遵循某個特定的實行計畫，那麼就會對該計畫產生強烈的依賴感。

新創意家單單只是看法不同而已。他們可能在模式識別方面很有心得，能輕易判斷出功能失常之處，也就是某個環節的斷裂關鍵。又或許他們非常注重時間管理，因此透過創新方法以更快完成任務。

新創意家還具有改變整個領域或行業的能力。當超脫樂團（Nirvana）發行專輯《從不介意》（*Nevermind*）時，簡直是在整個音樂界丟下了一枚震撼彈。當時，我是大學電臺 DJ 和音樂總監，我們的電臺隱沒在學生中心地下室的一隅。當我沿著水泥走廊往前時，聽到〈彷彿青春氣息〉（Smells Like Teen Spirit）這首歌的前奏沿著牆面傳來。剎那間，我的脊柱彷彿有道電流竄過！我的腳步越來越快，很快跑進電臺外廳，那裡是其他 DJ 常在下課時間閒晃的地方，我發現每個人都在外廳中隨著音樂節奏搖擺身體。

我突然產生一種奇怪的預感。**這首歌**會紅。**這首歌**將徹底翻轉整個音樂產業，一切都將改變。

　　果真如此，身為電臺的音樂總監，我每天都會花一些時間與唱片公司的工作人員通電話。對方會把專輯、CD、促銷品和演唱會門票寄過來，讓我們在廣播中贈送；並試圖說服我遊說其他 DJ 播放他們公司歌手的歌。

　　自《從不介意》專輯發行以來，已經過了幾個禮拜到幾個月，往常他們會詢問：「嘿，你們的 DJ 覺得我們樂團 Ned's Atomic Dustbin 的新專輯怎麼樣？」這次卻變成獨立樂團空前的勝利，卻也留下悲傷的隱患。

　　當時被貼上「另類」標籤的歌手被各大唱片公司爭相挖角，也象徵他們頓時掌握了大量發行、播歌和高規格巡迴演唱會的權力。而這些勝利同時帶來了麻煩，因為他們的鐵粉開始指責他們出賣了獨立音樂的信譽。

　　另一方面，先前擁有龐大銷量的「華麗」重金屬樂團卻以失敗告終。他們的行程在一夜之間遭到縮減或取消。專輯被納入特價產品區，成為深夜脫口秀令人尷尬的笑點。一切都發生得太快，以至於唱片公司也在驚慌失措中難以適應他們無法預料的變化。

　　唯一能夠確定的是，超脫樂團最終成為了搖滾音樂業界的新創意家。只有從邊緣到先驅者才能創作出如此獨特、肆無忌憚、理直氣壯的音樂，以產生新的創意。

◉ 心靈感應者

生於一個充滿摩擦的世界，富有同情心的心靈感應者帶著十分具體的目標降落在地球上。他們的存在是為了療癒、引導他人和以身作則示範如何**讓靈性引領生活**，不論他們本身從事什麼職業。

比起大多數人，心靈感應者對能量和未知世界有更深的理解及體驗，常常感受到人類、地方甚至無生命體的無形能量。**心靈感應者往往是人類測謊儀**，因為聽到謊言會引發他們內心的感知和騷動，這種干擾就宛如拉響警報一樣。許多心靈感應者都有其天生神祕的一面，並具有強大的天賦，比如心靈認知、靈媒和探索其他維度的能力。

我遇到的每一個心靈感應者都跟我分享過他們覺知到自己是如何的**與眾不同**，且一直以來皆是如此。畢竟當一個三歲小孩開始詳細講述自己的前世時，多數人都不知道該怎麼回應。讓我們祝福那些透過監視器看到自己的寶寶對著空氣咯咯笑的父母吧。心靈感應者需要志同道合的同伴和心靈導師的支持。

❙ M2T
日誌時間

1. 上述是否有一個或多個人格原型引起你的共鳴？寫下你和這些人格原型間的關聯。

2. 如果上述人格原型都沒有引起你的共鳴，請寫下一個你確實感受到連結的 M2T 原型。請發揮創意，不要擔心，這題沒有所謂錯誤答案，並盡量詳細地形容該原型哪裡適合你。

快速自我檢測 M2T 表單：力量播放清單

　　下述為跨時代及反流派的歌曲清單，收錄從邊緣到先驅者主題的歌曲。欲收聽此 Spotify 播放清單，請掃 QR Code 進入本書網頁，然後創建你個人的播放清單！

- 電臺司令（Radiohead）—〈Creep〉
- 貝克（Beck）—〈Loser〉
- 小麥合唱團（Wheatus）—〈Teenage Dirtbag〉
- 凱蒂・佩芮（Katy Perry）—〈Firework〉
- 大娛樂家原聲帶（The Greatest Showman）
　—〈This is Me〉
- 法蘭克・辛納屈（Frank Sinatra）—〈My Way〉
- 希雅（Sia）—〈Breathe Me〉
- 匆促樂團（Rush）—〈Tom Sawyer〉
- 驚懼之淚（Tears for Fears）—〈Mad World〉
- 非金髮四美合唱團（4 Non Blondes）
　—〈What's Up？〉

- 紅粉佳人（P!nk）—〈What About Us〉
- 布蘭迪・卡莉（Brandi Carlile）—〈In My Own Eyes〉
- 艾娃・麥絲（Ava Max）—〈So am I〉
- 伊迪娜・曼佐（Idina Menzel）—〈Let it Go〉
- 布魯斯・史普林斯汀（Bruce Springsteen）
  　　—〈Thunder Road〉
- 大衛・鮑伊（David Bowie）
  　　—〈Rock n Roll Suicide〉和〈Rebel Rebel〉
- 香格里拉（The Shangri-Las）—〈Leader of the Pack〉
- 大胃王吉米合唱團（Jimmy Eat World）
  　　—〈The Middle〉
- 史密斯樂團（The Smiths）—〈How Soon is Now?〉
- 對抗自我合唱團（Against Me!）—〈Thrash Unreal〉
- 珍妮斯・艾恩（Janis Ian）—〈Society's Child〉
- Groovie Ghoulies
  　　—〈Normal（Is a Million Miles Away）〉
- 瓊・傑特（Joan Jett）—〈Bad Reputation〉
- 羅賓・希區考克（Robyn Hitchcock）
  　　—〈Queen Elvis〉
- Love in Hate Nation Original Cast Recording
  　　—〈The Other One〉

- 小山米戴維斯（Sammy Davis Jr.）—〈I Gotta Be Me〉
- 薩米・瑞（Sammy Rae & the Friends）
    —〈Denim Jacket〉和〈Jackie Onassis〉
- 歡樂分隊（Joy Division）—〈Atmosphere〉
- 交換合唱團（The Replacements）—〈Androgynous〉
- 何許人合唱團（The Who）—〈I'm One〉
- 班・伊・金（Ben E. King）
    —〈I（Who Have Nothing）〉
- 巴瑞・曼尼洛（Barry Manilow）—〈All the Time〉
- 雪兒（Cher）—〈Half-Breed〉
- 名揚四海原聲帶（Fame）—〈Out Here on My Own〉
- 雪莉・貝西（Shirley Bassey）—〈I am What I am〉
- 彼平正傳原聲帶（Pippin）—〈Corner of the Sky〉
- 瑪吉・亞當（Margie Adam）—〈The Unicorn Song〉
- 艾美・曼恩（Aimee Mann）—〈Save Me〉
- 多莉・艾莫絲（Tori Amos）—〈Cornflake Girl〉
- 琳達・朗絲黛（Linda Ronstadt）—〈Different Drum〉
- 帕蒂・史密斯（Patti Smith）—〈Gloria〉
- 克莉絲汀・阿奎萊拉（Christina Aguilera）
    —〈Keep Singing My Song〉
- 紅髮艾德（Ed Sheeran）和小賈斯汀（Justin Bieber）

　　—〈I Don't Care〉
- 老菸槍雙人組（The Chainsmokers）—〈Somebody〉
- Cracker —〈I Hate my Generation〉
- 衝擊合唱團（The Clash）—〈Janie Jones〉
- 暴力妖姬合唱團（Violent Femmes）—〈Kiss Off〉
- 雷蒙合唱團（The Ramones）
　　—〈Sheena is a Punk Rocker〉
- 垃圾合唱團（Garbage）—〈Beloved Freak〉
- 簡單計劃（Simple Plan）—〈I'm Just a Kid〉
- 歡樂合唱團原聲帶（Glee）—〈Loser Like Me〉
- 艾瑞克・裘奇（Eric Church）—〈Mr. Misunderstood〉
- 關・史蒂芬妮（Gwen Stefani）—〈Slow Clap〉
- 皮克・摩爾（Kip Moore）—〈Southpaw〉
- 蟑螂老爹（Papa Roach）—〈Scars〉
- 泰勒絲（Taylor Swift）—〈The Outside〉
- 艾莉西亞・凱斯（Alicia Keys）—〈Underdog〉
- 齊斯・艾本（Keith Urban）—〈Wild Hearts〉
- 謎幻樂團（Imagine Dragons）—〈Zero〉
- 克里斯・揚（Chris Young）—〈Underdogs〉

05
死穴和超能力

「通常，你會努力讓自己被接納和認可。

因為當你感到格格不入時，

那股痛苦可能極其強烈到讓願意你用盡一切辦法，

只為結束這般折磨。」

——克麗絲・費拉洛

◉ 邊緣人的死穴

通常，你會努力讓自己被接納和認可。因為當你感到格格不入時，那股痛苦可能極其強烈到讓願意你用盡一切辦法，只為結束這般折磨。當你發現那些掌權者手握你被接納的關鍵，而你相信討好他們能讓你不再孤單和受到排斥後，便無可避免地成長為討好型人格。

討好型人格

討好型人格會把安排時間、精力、金錢和其他寶貴資源的權力交到他人手中，這種專注在外界而非自己內心感受的生活方式會讓你感到沮喪、失落和空虛。最慘的部分是，絲毫不被滿足的經歷會大幅占據你的生活，且揮之不去。**它之所以無所不在，是因為你主要的動機是來自獲得他人認可**，於是你脫離了靈魂的內在智慧以及來到世上的目的。

討好型人格會為自己爭取到一籮筐艱難的工作或被家事填塞的整個週末，卻永遠得不到應有的尊重和接納。畢竟，當權者並不關心你和你的感受，只是喜歡利用你。

他們只會越來越不尊重你。

沒錯，**企圖獲得認可代表你更不討人喜歡，而不是更受歡迎**。我在我的書《能量療癒》（暫譯，*Energy Healing*）中提到關於絕望的能量。人與人的能量場會互相交流，甚至不需要經由言語，**當我們極度渴望他人的關注時，能量就會產生**

排斥而非吸引。而雖然我們當中許多人都曾受到排斥，但我敢說，你至少有過一次排斥他人的經歷，例如被推銷。

我同情每個從事銷售工作的人，無論他們賣什麼，我們都有過多次被強迫推銷的經驗，很多人甚至在推銷還沒開始前，便嗅到不尋常的氣息。記得一次在公廁，我看見隔間門內側貼著一張巨大廣告。我心想，不會吧？廁所也有廣告？

回想一下，當有人試圖向你推銷你毫無興趣的商品，或許是直接登門拜訪，或當你在某個聚會上跟陌生人交談時，他們的語氣突然改變，把話題帶到不那麼明顯（或很明顯）的產品推銷上。還記得那種感覺嗎？當你意識到「噢，原來他們要跟我推銷啊」的時候，心裡閃過一陣不痛快。那種感覺讓人厭煩、被控制，甚至具備侵略性。當你過分關注別人是否喜歡你時，他們也會有類似的感受。

這是整件事最有趣的部分。你**以為**自己想要被圈內人喜愛和接受，你可能在心裡描繪了你認為他們最真實的模樣。此刻，你心目中的神壇已然建立，他們就位居其中。他們看管你所想要的一切，至少是你不斷洗腦自己想要的東西。他們已然擁有了！無論是權力、存在感、名聲和機會！他們帶著滿滿從容的自信，一切皆如他們所願。

但你必須了解，這些東西他們可能壓根都沒有，或者說擁有的不多。你在自己腦中創造了一個故事，並投射在他們身上，但這可能與現實相差甚遠。

出於某種原因，**憑空從日常生活或不完美的人中塑造出一個虛構的英雄人物，其實是人類的天性**，這麼做對我們來說是有所好處的。畢竟，如果世界上只有「優秀的人」，生於吉兆，天生就漂亮有活力，家庭美滿且家財萬貫，得以提供一流的教育為將來鋪平道路，我們為什麼還要努力？而如果你不是這樣的人，便很容易將自己歸類為「較差的人」。「他們」和「你」各處於分界線的兩側。

是時候抹去那條界線了。

你只需要看看名人的小孩，所謂的「裙帶寶寶」（Nepo Babies），就知道這個觀念錯得有多離譜。他們生來就擁有「一切」（從物質的角度看），但往往缺乏自我探究的動力和實現目標的渴望。法蘭克・辛納屈就是個完美的例子。

一九一五年，法蘭克・辛納屈出生於紐澤西州霍博肯一個勤奮的工人階級家庭，他的父母皆是義大利移民。人們很容易認為他生來就有一副上天賜予的、世上少有的金嗓子，並且認為是其先人賦予他獨特的才華，使他一躍成為明星。但事實並非如此，我在讀過他的生平後同樣感到意外。

法蘭克想成為一名歌手，但在他登臺初期，充其量只能算是中等水平。受到別人強烈的鼓勵去學習聲樂後，他找到聲樂家約翰・昆蘭（John Quinlan）當他的教練，教授他今後在其職業生涯中使用的歌唱技巧。他**相信**自己是一名歌手，得到了支持，不斷練習，並全心全意磨練自己的歌唱技巧，

成為有史以來最著名的表演者之一。

　　至於他的小孩？成就就沒那麼高了。他的女兒南希和兒子小法蘭克也成為歌手，兩人共同創作了一首熱門歌曲，二女兒蒂娜則涉足表演、寫作和音樂製作。倘若法蘭克·辛納屈出名的原因是其基因和擁有的天賦，那你肯定會認為他的子女至少有一人會繼承他的魔力或成功祕訣。

　　那股魔力，或說不確定因子，那道能夠將人們和機會吸引而來的萬射光芒，就隱藏在我們每個人體內，不僅限於擁有良好基因的人（大眾認為的基因大部分實際與承諾和動力有關）。

　　出身普通且性格獨特的人，其實擁有跟其他人一樣多的**機會，只是我們沒有把握**，也不相信自己有資格去追求。**我們確信自己就是別人認為的那樣。**

　　至於你渴望討好的那些人？他們並不像你所想的那麼酷、無憂無慮、聰明和美麗。他們的生活就跟你我一樣煩亂，他們有從未被療癒的失望，也有努力維護的形象。毫無疑問，他們有因為過去經歷造成的不安全感，這些感受或許不會在你看得到的地方表現出來。

　　比方說，你很有自信的老闆可能是一位極度缺乏安全感的妻子或母親，但你可能永遠也無法得知他們的另一面。

出氣筒

出氣筒有討好他人的傾向，總是把苦往肚裡吞。他們讓自己被人利用，有時甚至成了徹底虐待。我知道「讓自己」這個說法彷彿在指責受害者，我保證我沒有這個意思。

出氣筒之所以成為出氣筒，有其明顯的理由，這些理由都令人痛苦萬分，而我們在為自己的人生負責和陷入自責之間，只有一線之隔。

承擔責任是賦予自己權力，自責或感覺被他人指責則會削弱自身的權力。 我想提供一個機會，讓你為自己曾經成為出氣筒的經驗主動承擔起責任，從而幫助你改變。

要知道，是出氣筒內心所存在隱藏的動機和痛苦，造就了這整個行為。**只要出氣筒認為他們是無能為力的受害者，就無法改變。** 我個人對這種經歷的痛苦感同身受，這絕對是一種屈辱。過去有好幾次我會想，如果我讓這種情況繼續下去，我將無法尊重**自己**。

那種痛苦的感覺就像是你在坐牢，還被判無期徒刑，注定在監獄裡度過一生。絕望的痛苦更要人命，因為這種感覺是如此真實，彷彿「命中注定」，永遠也改變不了。如果有人走過來對我說「對了，這都是妳自找的」，我會認為他們瘋了，還很殘忍。

但我的確有錯。因為覺得邊緣人的我**低人一等**，所以吸引了很多自以為**優越**的人，他們很樂意一次又一次地向我證

明這一點。

　　當你審視自己內心的「討好型人格」和「出氣筒」時，我得告訴你，此時你的內心有兩種動力在運作：

　　1. 我想愛人和被愛，這麼做能讓我實現目標。
　　2. 我害怕受傷，所以我默許他們對我做的一切。

　　當你看見上述動機時，就更容易同情自己。畢竟，誰**不需要被愛**呢？又有誰**不想避免受傷**呢？上述動機對每個人而言都是真實存在的。但身為一個邊緣人，你可能會比其他人擁有更少愛和經歷更多傷害。也因此，這些原為好意的動機將會變成慘烈和絕望。

　　這份慘烈會導致一個人答應他們**通常**不會做的事，**拒絕他們顯然應當去做的事**。就連「慘」這個字本身也會帶來一定程度的屈辱——如今甚至演變成了侮辱。「噁，她的那件簍空裙還有接髮看起來也太**慘**了吧。」

　　但慘烈從何而來？你的需求從未被滿足，僅此而已。雖然生命早期的需求未被滿足通常不是我們所能控制的，但這般失落也提供了一個絕佳機會，讓你學習滿足自己的需求，並讓宇宙用其無限的資源支持你。

　　如果你見過我的客戶賽巴斯欽，絕對猜不出他曾經是出氣筒。他花了十年的時間開拓線上事業，現在獲得了巨大的

成功。他最終找到完美的技術支援人員，償還了債務，銷售額也超出預期。幾年下來，他一直堅持鍛鍊身體，戒掉大學畢業後的不良飲食習慣，感覺身體變得更強壯，也更健康了。

這本是最適合結婚組建家庭的時期，唯一的問題是他的女友琪琪。隨著賽巴斯欽事業的穩定和成功，她變得越來越不願意負起自己的責任。琪琪辭去了工作，成為一名Instagram創作網紅，慢慢把自己的私人物品搬進他的空間裡。不到兩個月，她的公寓就神祕地消失了。

女友整天坐在他的沙發上，吃垃圾食品，看實境秀。這跟賽巴斯欽想的「創作」完全不一樣。久而久之，家裡的每件家事都由他包辦，從洗衣服到洗碗，他還要經營自己的事業並支付所有費用。每當賽巴斯欽試圖跟她溝通時，琪琪都會勃然大怒，包括扔東西和侮辱他。這讓個性敏感、考慮周到的賽巴斯欽感到震驚和沮喪。

每當此刻，賽巴斯欽往往會回想起他母親是怎麼對待父親的，他感覺自己又變回了孩子，千方百計地安撫家裡那頭怪獸。儘管如此，他仍一而再再而三的忍讓，重複過去的行為模式，送琪琪鮮花和禮物，全都是為了改正她的行為，然而他的舉動只會讓情況變得更糟。

隨著日子一天天過去，琪琪根本不想跟賽巴斯欽說話，明明他生活其他方面都比以前好，內心卻從未感到如此糟糕。當賽巴斯欽來找我諮商時，他表示會盡一切努力讓他們

的關係恢復到剛交往時的幸福狀態。

我的回答簡單明瞭。

「如果我揮一下魔杖，就能讓某人按照他們想要的方式去愛別人，那我絕對會發大財——但沒有人有這本事。我不能改變她，你也一樣。我只能幫助你療癒自己，擺脫讓你不自覺成為出氣筒的模式。至於以後你們的關係如何發展，就看你們自己了。至少你會有清晰的頭腦，提高的自尊，而且具有做出選擇的能力。**因為現在的你相信自己必須忍讓，這很可怕，但也不陌生。**讓我們療癒你的過去，讓你平靜下來，找回真正的你自己。」

幾個月後，賽巴斯欽結束了這段關係。一切都很自然而然地發生了，他意識到自己並不愛琪琪，而是愛上讓她重新愛自己的可能性。最終賽巴斯欽也接受母親真正的樣子，慢慢能夠理解並決定原諒她。在替賽巴斯欽諮商兩年後，他寄了封電子郵件給我。裡面有張他與一個女子唯美的結婚照，該女子現在正是他真正的人生及愛情伴侶。賽巴斯欽不再是出氣筒了！

沉默的受害者

我初次見到普琳卡時，她很常低著頭，很難與她對視超過一、兩秒。在聽到我上 Podcast 接受訪問後，她做了一個強烈的夢，夢中的主角是我，她則是旁觀者的視角。普琳卡目

睹童年的自己拿著一個鞋盒躲在山洞裡，當她往盒子裡窺看時，見到了整座城鎮，包含微小的建築物、道路和人。而我去到山洞告訴她已經安全，可以出來了。

當她醒來後，用 Google 搜索我的照片。畢竟她先前只聽說過我，神奇的是，我在照片中的模樣看起來就和她夢中一模一樣。雖然她對「奇怪的經歷」早已習以為常，對此仍感到訝異，卻也因而受到鼓勵決定聯繫我。

第一次諮商時，我對她說：「我相信妳來對地方了。」但約半個小時後，我開始懷疑起自己。我天生有種力量，能讓人們對我敞開心扉，不只在工作上，我去到每個地方都是如此。然而，普琳卡卻難以向我透露任何關於自己的事，更遑論她想藉由此次諮商達到什麼目的，我唯一的線索僅來自她做的夢。我在想普琳卡就是所謂的「沉默的受害者」，一個內心活動豐富，卻苦於跟外部交流的人。

我靈機一動，問道：「妳在工作之餘喜歡做什麼？」她忽地抬起頭來，興致勃勃地跟我分享她在玩的遊戲。作為一個很少玩遊戲的人，我請她解釋一下那個遊戲，因為顯然這對她來說至關重要。普琳卡操作遊戲中的模擬角色經歷許多冒險，甚至帶領一個全是女性玩家的團隊。儘管她們在遊戲中建立了深厚友誼並時常聯繫，可惜她們不住在彼此附近，難以將友誼延續至現生（現實生活）──但我猜就算他們真住在隔壁，現實生活仍不會有聯繫。

　　在這個虛擬世界中，普琳卡既強大又深具影響力。當有人需要她開口時，她就能暢所欲言。為了公平起見，她確保大家遵守彼此尊重的交往規則，就彷彿統治自己的王國似的。然而，這些特質都都沒有被轉化到普琳卡的現實生活中，現實的她，似乎被大家孤立且視而不見。

　　在資訊科技產業工作的普琳卡，整天都坐在自己的辦公室隔間裡，不跟任何人交談，所有空閒的時間都花在經營線上角色。我告訴她：「妳在網路上培養的特質可能來自妳的內心。的確，模擬世界很安全，足以讓妳探索自己內在深層的個性。難道妳不想發揮這些特質，讓別人瞧瞧嗎？」她不相信這種事有可能發生，但還是勉強同意利用這個準則，測試看看自己是否能改變。

　　普琳卡會成為沉默的受害者並非沒有原因。**人們常常將自己形容為害羞或內向的人，在這些標籤下創造生活，但他們其實只是害怕**。對於普琳卡來說，她是在全白人學校中唯一的有色人種。從她的名字、膚色、文化到成績和茹素的飲食習慣，都讓她在小學受到殘酷的嘲笑，她的格格不入讓她成為了頭號攻擊目標。

　　為了不讓父母擔心，普琳卡從來沒有跟他們甚至是她的老師訴苦過。她只變得越來越內向，起初，閱讀成為媽媽贊同的緩解壓力、逃避現實和娛樂的渠道，後來則又轉移到了網路世界。

沉默的受害者會因為真實的自己感到羞辱，他們會壓抑痛苦並變得孤僻，同時拒絕尋求協助。畢竟，如果你一直聽到別人說你很糟糕，或根本不該活在世界上，又何必自取其辱呢？這樣只會讓情況更難以忍受。你會相信，不管是誰干涉情況都不會有任何改變。這種經歷可能會造成憂鬱、孤獨、行屍走肉般的生活、沉默、沉迷於虛擬現實或成癮。

我認為普琳卡體內有一股強大的力量，於是我們一起將她能量場中的這些舊訊息清理乾淨。她也慢慢地學會尋求幫助，例如尋求同事幫忙解決問題，以及問店員電池在哪個走道。當人們做出友善和樂於助人的回應後，她開始意識到這個世界可以是一個友好、安全的地方。

對我而言，看著她成長就像目睹一朵花綻放，挺起身軀，坐直身體與我對視。我們找到一些策略，幫助她將自己在模擬角色身上最渴求的特質，帶入往後的人生。我鼓勵她進行探索和練習，找出那些來自她內心的特質，而非佯裝出來的樣子。顯然，她天生具有領導能力，最終在工作和家庭都有很好的發揮。

某天，普琳卡去找公司的執行長，詢問是否可以利用午餐時間在會議室開設冥想課程，公司高層熱情地響應她的提議。不到一個月，就有五到十五名同事加入她的行列，一起冥想。同事們終於有機會見到真正的普琳卡，從中學習到對他們來說很新穎的生活實踐方式，因此建立了真正的友誼。

在普琳卡居住的社區裡，日益嚴重的破壞讓住戶們不勝其擾，她便組建一個守望相助會。當我想像這個過去的隱形人現在如硬漢一般凶狠地在街上巡邏時，實在忍俊不禁！守望相助會的成員每月會聚一次餐，他們都希望她能做那道「有名的」印度波菜起司。雖然普琳卡現在仍活躍於網路遊戲中，但已經跟她的現實生活取得平衡。她每天都經歷著珍貴且無可替代的快樂，也就是做真實的自己。

因果變色龍

當你感到格格不入時，可能會耗費數年時間試圖融入他人。畢竟，普通人擁有你所沒有的：被接納和歸屬感。這會使你長期地在追求幸福的道路上奔走，直到在「某處」得到你想要的東西為止。成為變色龍，代表你認為必須融入他人以獲得外界認可。

小學時，你發現學校的足球明星每次比完賽都會受到祝賀。看到他們抬頭挺胸接受讚美，露出燦爛的笑容，你抓住了一些線索：姿勢、面部表情和措辭。即使你運動神經不好，甚至對該運動沒什麼興趣，也會加入球隊，模仿自己看到的一切，希望獲得佳績。

作為一名經驗豐富的辯手，你理所當然制定了一套賽前例行熱身運動，幫助自己「進入狀況」。你會花幾分鐘的時間獨自待著，專注調整呼吸，直到你親眼目睹另一支競爭隊

伍如何熱身。你觀察到他們的成員會在賽前圍成一圈，所有人伸出手放在中間，高聲呼出球隊的名字，宛如體育比賽的打氣方式。一旦他們獲勝，你就會認為你的例行熱身是錯的，並鼓勵團隊也比照辦理。

或許你可以暫時偽裝自己，但老實說吧，你很快就會露出馬腳。**當任何人裝模作樣時，他們的能量場會發出一種不穩定的信號，就像一種干擾。**請在腦海想像一道瀑布，當我們展現真實的自我時，水流會完美地筆直向下奔騰；當我們假裝成別人時，就宛如巨大石塊和樹枝擋住了水流，造成瀑布水花四濺，混亂無序。

即使你能很好地融入這個借來的角色，獲得你渴望的被接納感，可能還是會驚訝地發現，這麼做並不能讓你感到快樂。企圖偽裝成另一個人是很累的，一旦你成功戴上了面具，要維持假面更是讓人精疲力盡。

珍厭倦了總是被排除在職場核心圈之外，並決心要做出改變。畢竟，這個小圈圈已經形成緊密團結，支持彼此的企劃，而她的企劃卻一再地被忽視。她開始研究自己年輕同事的社交媒體頁面，了解他們的興趣和嗜好，他們的生活看起來光鮮亮麗、開心好玩。

他們創建彼此熱愛的歌手播放清單，珍察覺自己對這類型的音樂一竅不通，但依然將其視為一種連結方式。她的網路追蹤計畫終於得到回報，被這個潮流群體所接納。珍時常

參加他們歡樂的聚會，週末甚至會跟他們一起去健行。這群新朋友經常尋求她的建議，像是把她當作親密的大姊姊般。

但久而久之，珍便失去了動力。她以前從來不去酒吧，噪音吵得讓她受不了；她發現自己在聊的都是些令她不感興趣的話題，這群年輕同事的生活多采多姿，讓她感覺自己就像五個年輕人的媽媽；當她以為自己已經跟上最新流行趨勢時，風向卻再度轉變。她跟不上！珍終於意識到，雖然她想交朋友和被他人接納，但這麼做並不能滿足她的需求。

如果他人的接納讓你精疲力盡，正在在表明了你沒有展現真實的自己。褪去變色龍的外皮，露出你原來美麗的色調而活吧。

○ 裝著裝著就成真？

你可能會問：但「裝著裝著就成真」這句話又是什麼意思？這句格言代表的是另一種心態和動機。

假設你真正的夢想是進入當地劇院表演，你上過表演課，然而唯一的表演經驗卻是多年前在中學時演過舞臺劇。裝著裝著就成真這句話，此時就能派上用場。你可以假裝自己彷彿演過上百部戲似的走進試鏡會，這能暫時帶給你自信，讓你好好地完成試鏡。畢竟，不多演戲是無法演好戲的，這是一項需要經驗的技能，並建立起你就是你所想的那樣的心態。這就是「假裝」的部分，但**與其說是「假裝」，我更想**

將其稱為肯定和立志自己想成為怎樣的人。實現夢想需要肯定自己的志向，你才會知道自己該朝哪個方向邁進。

在上述例子中，表演是一種發自內心的真正渴望，而不是為了獲得認可去追求的東西。

先驅的超能力

被低估

當我寫到這一段時，鄰居在我家門口的迎賓墊上留下一份禮物：那是一件印著「UNDERESTIMATE ME: THAT'LL BE FUN」（低估我吧，那會很有趣）的 T 恤。這確實很有趣！他們可能不知道我剛好要起這個標題，但我卻一清二楚！

我的人生一直都被低估──我想至少有部分是因為體重，當然，最主要是因為我與眾不同。現代人對他人做出快速評斷的能力已變得異常敏銳，隨著社交媒體不斷推陳出新，無數的頭條新聞閃過眼前，我們很快就能辨別。

「好，我等下會看；不對，絕對不是那樣；哦，她又 PO 晚餐照片了──根本沒人想知道好嗎！這個不看、不看、不看、不看；他減肥了？肯定去醫美了吧；那新商標設計得太不專業了吧；不看、不看，那西班牙巨石陣呢？不行，那不適合我；她真的在賣雅芳嗎？噢，天哪。」

在網路世界裡，這是一項必要但不是很有效的技能，尤

其在現實生活中，輕率的評價往往會導致錯誤印象。

　　關於演講，其中一個我很喜歡的環節，就是體驗演講前後我所受到的待遇差異。演講前，我可能會被看扁、忽視、隨意打發，甚至不被尊重。無一例外，但我只需安靜等待。到我演講之時，我走上舞臺，釋放我的力量，輸送深刻的能量，讓觀眾的感知大開，然後帶著興高采烈和如釋重負的心情下臺。好啦，大功告成！然後我看著預料中的結果開展。

　　那些先前看不起我的人往往會首當其衝上前說：「哇，妳說得太棒了！我真的很驚訝，沒想到會這樣！呃、對，我剛有點焦躁。妳好！我們交換一下名片，保持連絡吧。」

　　雖然我覺得不管到哪都希望自己被接納和受歡迎是很正常的，但我從中得出一個不同的結論：**被低估實際上是件好事**。因為事情通常是這樣的：**如果他們無法預料結果，就不會妨礙你**。

　　我的一位客戶，蒂娜，在一所非常著名的藝術學校擔任兼職教授。她意外發現學院釋出了一個繪畫教授的終身教職職缺，於是她很快便申請了。令她沮喪的是，該學院在全國進行招聘，尋找最合適的人選，卻忽略學校已有她這麼一位老師存在。畢竟，他們想聘請的是知名藝術家，不僅僅是位好老師，並認為必須從國際化的大都市挖掘人才才可行。

　　最終，總共有七名面試者搭機抵達，他們入住一家豪華飯店，享用美酒佳餚，吃住全由學校承擔費用。蒂娜確信學

校已經將自己排除在外,她永遠無法獲得這個職位。學校知道她是位優秀的老師,學生給她的評價是五星好評。如果他們想要像她這樣的人才,難道不會直接詢問她嗎?當我聽到「**像我這樣的人**」這句熟悉的話時,我就知道我們要進入核心地帶了。

我請蒂娜列出關於那七名面試者的假設清單,如下所述:

1. 他們來自大城市,給人一種很酷的感覺。
2. 他們的粉絲比我多。
3. 他們在藝術界比我有名。
4. 他們都超級有自信,可以很好地推銷自己。
5. 他們都是創意天才。

然後我讓她列出她口中「像我這樣的人」的意思:

1. 我從未在大都市生活過。
2. 我的藝術風格並不流行。
3. 我的社群沒有很多粉絲……

說到這裡,我便打斷蒂娜的話。她實際提出的幾點都是一些表面訊息,只為了向我證明她跟競爭對手截然相反。這種深植她潛意識的觀念是無法解決的。在類似案例中,為了

深入了解她的內心，我們通常需要和還是小孩的她交談。

　　我請蒂娜將雙手交疊放在胸前，引導她透過呼吸技巧來平復內心的焦慮反應（詳情請見第一百八十二頁）。只要她的身體充滿壓力荷爾蒙，就很難抵達問題的真正核心。

　　當她平靜下來後，我請她想像自己身在大自然裡，在一處讓她感到安全的地方漫步，海洋在這種治療中是很常見的地點，但並非適合每個人。一片野花田、山腳下的小屋、白雪皚皚的山丘、乾燥的沙漠——有很多可能性。

　　然後我請她找到一個和她模樣相似的人結伴同行。不出幾秒鐘，她的內在小孩，或說一個孩童模樣的人出現了，年約五歲左右。她穿著破爛的衣服，腳上沾滿泥土，目光向下，緊皺著眉頭，彷彿在尋找弄丟的東西。此刻她頹喪地垂著雙肩，背部拱起。**我幫助促成兩人間的對話：**

　　蒂娜：（輕輕靠近並蹲下）妳好呀。

　　小克里斯蒂娜：（稍稍抬起頭，徬徨但有點好奇）呃，嗨？

　　蒂娜：我是來幫忙的，妳還好嗎？

　　小克里斯蒂娜：我很害怕。因為我弄丟了手環，媽咪一定會很生氣。我真笨！

　　（在這裡，我們看到了自我批評，我指示蒂娜溫和地開解小克里斯蒂娜。）

蒂娜：噢，每個人都可能丟失東西的，這很常見的，大家都會發生，跟笨不笨沒關係。我知道妳是一個非常聰明的小女孩。

小克里斯蒂娜：妳怎麼知道？

蒂娜：因為我就是妳，長大的妳，來自未來。雖然妳還不知道，但我們在學校會表現得很好，並且最終成為一名大學老師。很遺憾現的妳感到害怕，能讓我幫妳嗎？

小克里斯蒂娜：（看起來鬆了口氣）可以。（她握住蒂娜伸出的手。）

蒂娜：（看著她的眼睛）妳這麼聰明又漂亮，妳是一個很好的女孩，我非常愛妳。

接著，小克里斯蒂娜開始哭泣，而蒂娜將她抱在懷裡。我讓蒂娜走入為他們兩人帶來療癒的彩色光芒，將她們包圍其中。蒂娜說出所有她內在小孩需要聽到的話，讓她知道她很特別、被珍惜、被愛、她是多麼獨特而珍貴。蒂娜甚至彎腰撿起弄丟的手環，戴在小克里斯蒂娜細小的手腕上。

小克里斯蒂娜的裙子自動變得嶄新而漂亮，皮膚上的汙垢消失了，瞳孔也再次恢復光澤。當兩人都準備好後，小克里斯蒂娜縮小到只有兩、三公分的模樣，讓蒂娜把她塞進自己的心口。

當蒂娜睜開眼睛時，臉上已然布滿了淚水。她現在對眼

前遇到的挑戰以及其背後的問題，終於有更深入的了解。一旦她經歷內在小孩覺得自己很笨和錯誤而痛苦時，就能明白為什麼自己總會覺得她的同事是創意天才，擁有一切她沒有的優勢。然後蒂娜向我承認：「我甚至沒看過他們大多數人的作品！我是猜的。」

我本來可以試著說服她，讓她相信自己的價值和智慧。問她像是「妳怎麼知道他們都是天才？」之類的問題，或是「妳確定他們都有很多粉絲嗎？」但如果我們選擇這種方式，就會錯過她內心那個受傷的小女孩。而那個小女孩深深影響著成年蒂娜，這也正是我們需要給予關注的地方，需要治癒的其實是小女孩。

現在，小克里斯蒂娜已經被找了回來、受到了認可和療癒，蒂娜的小孩部分和現階段的自我也已融為一體，為成年的蒂娜創造出一個全力以赴的空間。

我請蒂娜寫下關於此次經歷最理想的結果。她描繪自己展現完美的簡報，確保獲得該職缺（有關描繪故事更多的細節和範例，在我的著作《顯化效應》中有更詳盡的介紹）。她列出自己需要做的準備，並付出額外的努力使其更完善。

至於她的同行對手呢？她後來得知，其中一些人甚至對這份工作不感興趣。他們不打算放棄已經穩固的工作和個人生活，搬到一個他們不想居住的城市，就算聘請他們的是享有盛譽的大學也一樣。這次招聘使他們覺得備受尊榮，大概

想說：**管他的，反正可以免費旅行**。但他們從來沒想過要花上過多精力準備面試。

學校為老師們和面試候選人舉行雞尾酒歡迎會，而蒂娜很快就猜出誰會勝出。她利用自己安靜、不起眼且善於觀察的天賦，慢慢地游移在人群中，和大家交流。隨著酒後三巡，房間裡到處流動著自吹自擂和裝腔作勢，但她沒有喝。一般說來，一杯上好的琴通寧調酒能安撫她緊張的情緒，但今晚不行。她需要保持頭腦清醒和敏銳的直覺。

至於其他候選人，根本懶得多打量蒂娜幾次。他們只把她視為來自本地的競爭者，而非藝術天才。一直到晚會結束，她都沒有在這群人中看到從容、受歡迎的創意天才。她感受到的不是自信，而是**將自己的不安全感隱藏起來的傲慢**。

蒂娜請了一位熱衷表演的朋友協助，不只排練演講以讓自己站上講臺時能更放鬆，並在其中加入幾則笑話和糗事。並且我也建議她選擇一套既能表達她獨特的風格，又能讓她感到強大的服裝。

說來奇怪，當所有候選人都被受邀觀看其他人的演講時，蒂娜發現他們都有不足之處，其中兩名候選人甚至還輪流貶低對方！對作為最後上臺報告的蒂娜而言，這實在不是一個理想的安排。

但，沒人能預料到接下來發生的事。

蒂娜大步走到人群前，心中滿溢著興奮。在所有的療癒

過程和計畫籌備中，她幾乎忘記了自己有多麼**熱愛**藝術和教學創意。是她的真愛和熱情拯救了自己，這同時也是她每天起床的動力。這股熱情迴盪在蒂娜說的每一個字裡。

蒂娜在自己的簡歷、個人簡介、藝術作品和學生創作範例間插入了幾則學生拍攝的感言。三位學生都曾一度面臨放棄，並同樣在影片中分享了蒂娜的指導、鼓勵和建議，是怎麼打破他們的自我懷疑與困惑。直到那時，蒂娜才意識到自己為學生做的一切，正如她先前對自己做的那樣，這讓在場每個人都深受感動和啟發。無論結果如何，蒂娜都為療癒自己以及準備並爭取這個機會感到無比自豪。

而結局你也猜到了：她得到了這份職缺！不是透過偽裝成他人，而是讓自己真正的本質更加閃耀。

在蒂娜打電話告訴我這個好消息後，她表示：「我簡直不敢相信自己當初是怎麼想的，我本以為我絕對不可能被錄取，甚至還沒開始，我就打算放棄了！我以為照妳的方法我注定要失敗，結果跟我想的完全不一樣。他們根本不是我想的那樣，我也一樣！我開始越來越了解自己，而且我敢保證，我會愛自己的一切。」

如果學校先前沒有低估蒂娜的能力，她將失去殺死內心恐懼、得到療癒和發掘新潛力的機會。如果她的競爭對手沒有不把她當一回事，可能會削弱她的影響力。唯一真實的競爭就存在她自己的腦海裡。蒂娜的內在小孩，長期迷失在恐

懦和沒有自信的境界中，如今已終於不再感到自己愚笨，並重拾樂觀、孩童般的熱情和全新能量。

這個故事說明了我所強調關於邊緣人的幾個原則：

1. **謹慎注意自己說出類似「像我這樣的人」或「像他們那樣的人」的話。**所有邊緣人都有這種傾向，邊緣人透過這樣的話語，將「頹廢」的我們和「幸運」的他們分開來，喚醒過去我們以為的自己或來自他人的評價，而非自己真實的樣貌。這就是邊緣人會在精神上批判自己的地方。

2. 請意識到自己「無法跳脫出過去」的那一套說詞。

   當你產生這些想法時，請靜下心覺察當下身體的感受。

   寫下經常重複的話。

   與其逃避不安的情緒，不如用慈悲、愛和憐憫去應對。

   然後進入當下，了解真實的你。

另類觀點

> 「你永遠無法靠對抗現實改變現狀。想改變現狀，只有建立新的模式，淘汰既有模式。」
>
> ——巴克敏斯特 · 富勒（Buckminster Fuller）

　　邊緣人帶給世界最好的禮物，就是以**意想不到的創意**看待生活中所有問題和可能的解決方案。我們看待事情的角度通常與眾不同——此處我主要談論的是觀點，其中一些正隸屬於人類的先天本質，就像我們現在意識到某些形式的神經多樣性。

　　一個自閉症患者可能會在看一張紐約天際線的照片時，捕捉到大多數人不會發現的無數個微小細節。比起沒有這種能力的普通人，這樣的人能夠為城市規劃提供更深入的理解和不同的看法。

　　由於邊緣人會被主流外的興趣吸引，因此會將罕見的知識帶到腦力激盪會議等地方。在這樣的會議中，如果十個人中有八個想到同樣的點子，那麼剩下兩個人就能帶來莫大的價值。

　　然後是包容性的重要程度。主流麻瓜經常在這方面遇到挫折，僅僅因為他們不清楚被排除在外是什麼感覺。我說不上來有多少次我看到某個行銷活動會不禁扶額，然後說：「真的假的？他們在**想什麼啊**？」這些被整間公司和他們聘請的廣告代理商忽略的問題漏洞，在我看來簡直一清二楚。

　　各行各業都應該聘請多名邊緣人協助他們權衡這些問題，從邊緣到先驅者身為多元化和包容性的專家，在這方面顯然表現出色，甚至在所有其他領域也是如此。從邊緣到先驅者的意見是至關重要的，他們讓每個人都能占有一席之地。

當我看到 Abercrombie & Fitch 這樣風靡青少年的服裝品牌，在其經營多年的虛榮和精英主義形象破滅並失去影響力後，對我們所有人來說都是一種改革般的鼓勵。從邊緣到先驅者點出了這些品牌面臨的威脅，顧客也清醒過來，決定把錢投入更具包容性的品牌中。

你可以用別人做不到的方式，把嶄新的眼光、誠實的經驗和憐憫之心用在迫切需要的地方。當你這麼做後，就能與他人分享你的思維方式，只要實踐此道的人足夠多，整個世界都會改變。

超自然視覺（以及聽覺、感覺和認知）

還有一種源自超自然力量的視覺能力，超出了正常體驗的範圍外，最好的說明方式來自以下所分享的範例。

當你走進表親家中，撲鼻而來的卻是母親的香水味，彷彿讓你回到了幾十年前。上一次你來這裡時，母親就在門口迎接你，給了你一個大大的擁抱，如今她已經離開五年了。當你的表親向你走來時，你從左眼餘光中看到母親的身影就站在樓梯上，而在你轉身面對她時，她的身影已蕩然無存。你知道她的靈魂現身是想跟你打聲招呼，並感激上天讓你能短暫地見到她。

你在離開購物中心時，突然湧現一種不祥的預感，但環顧四周後，並沒有發現什麼奇怪的地方，但卻冒出了想趕緊

轉身回到商場取回遺落物品的念頭。進到商場後，你鬼使神差地透過玻璃門往外看，見到了一輛超速行駛的汽車衝進停車場，並失控撞上了包括你的車在內的一大排汽車。如果當時你在車上或附近，肯定會受傷！

　　你與一位老友享受一頓難得的晚餐，並聚精會神地聽她分享想搬家的念頭，卻因為不知道該搬去哪裡而焦躁。當她說出幾個考慮的地點時，你突然看見搖曳的棕櫚樹和迪士尼城堡的景象。於是你說：「她有沒有考慮搬去佛羅里達？」她瞠目結舌地答道：「我想都沒想過，卻一直出現徵兆！我看了一部在那裡拍攝的電影。隔天開車遇到塞車，我也是忍不住一直盯著佛羅里達州的旅遊看板。然後我發現我在汽車維修廠的時候，一直哼著〈歡迎光臨邁阿密〉（Welcome to Miami）這首歌。」你的朋友接受到了宇宙給她的信號，而你則進一步灌輸她這個訊息。

　　諸如此類的經歷十分常見，但往往會很快被忽視。邊緣人似乎更容易具備這種特殊傾向，所以進行深入探索是很重要的。

　　也在此隆重為各位介紹「超能感官一家」，以及其他神奇的天賦。超能感官由四種特質組成：千里眼（Clairvoyance）、超聽覺力（Clairaudience）、超感應力（Clairsentience）和超覺知力（Claircognizance），代表利用超自然的方式接收訊息。

　　假如你有**千里眼**，你會看到圖像、場景或電影片段在你

眼前浮現。許多人形容他們看到的景象與夢境相似。這些影像通常會以隱喻的形式出現,例如,你正考慮離開目前的工作領域,轉換到新的跑道,你會看到一個人緩慢而艱難地爬上一座陡峭的山。這可能代表轉換跑道的過程會很艱辛;或者是趨於表面的意思,比如看到停車場有個空位。

假如你有**超聽覺力**,會聽到某個詞或一句話,通常能讓你更深入了解情況。超聽覺力曾是我最不出眾的超能感官。然後有一天,我在替客戶諮商時,開始會聽到一些訊息。那個聲音有時自信滿滿,有時詼諧逗趣。就像有位客戶跟我分享要開展新事業時,我聽到「舞伴大排長龍」這句話。

當我與他分享時,我們都笑了出來,因為我們兩人都知道他有把日程塞滿的習慣,直到把自己累垮。他於是推遲了決定,等更有餘裕時再開創新事業。

我的敏銳感知者在哪裡?如果你擁有**超感應力**,就能夠感知到自己內心的直覺,以及他人的感受甚至是身體上的疼痛。幾年前,我去到倫敦的聖保羅座堂,在清晨禮拜結束後,我獨自一人探索這個不可思議的地方。當我走到一個祭壇後面,馬上就感到一股不屬於我的哀痛和悲傷。我低頭看著地板,磁磚上刻著一條紀念二戰期間陣亡美軍將士的訊息。於是我在繼續探險前,停下腳步禱告。

你可能會在走進醫院或酒吧的瞬間,感到一陣沒來由的噁心和不安;或是媽媽打電話來,你沒來得及接聽,就感到

膝蓋一陣痠痛。正如她在電話中跟你說的一樣！

　　超覺知力是接收所謂的「下載資訊」的能力。不只是某個情況的一部分，你將得到一個完整的畫面，無所不曉。最近，一位新客戶來找我，她感覺到精神受阻。莎拉是猶太人，但其父母在扶養她成人的過程中，一直灌輸她無神論的意識。當她被一條靈性道路吸引後，除了父母，連帶她自己都感到很訝異。

　　在經歷無條件的愛和深刻的連結後，她想拓展自己的能力，而不是封閉起來。我馬上得到了資訊，在她祖先輩中，家族有人經歷了宗教迫害。為了保護自己，她的祖父母徹底與猶太教斷絕關係，而莎拉的靈魂正被賦予療癒血統斷裂的使命。因為這種全知的瞬間顯現，讓我們可以共同決定如何達成這個目的。

　　除了超能感官外，還有像通靈之類的神奇天賦，人們可以藉此與逝去的人和動物聯繫，甚至用肉眼看見。或對於能夠預測未來的人而言，他們擁有預言的恩賜。

　　在靈魂與靈性智慧隔絕的世界裡，就連我們都難以承認自己擁有這些天賦，更不用說其他人了。數百年來，人們透過宗教組織尋求精神解脫，為其提供了框架和引導。在宗教組織出現前，人們生活在部落中，信奉薩滿教。包括進行儀式並進入非尋常現實以獲得靈感和引導。

　　然而現代的生活已集體背棄宗教組織和原始、神聖的靈

性，但**我們每個人仍然是靈性的存在，這一點永遠不會變**。除非你特地尋求靈性知識和經驗，不然你就是一個不受束縛的靈性存在，在沒有基本引導的情況下，在道路上載浮載沉。或者你可能生於一種宗教或精神教義中，該教義會評判而非擁抱你的靈性本質。如果你有靈性的體驗卻無法理解，可能會以為自己精神出了問題；或當你與他人分享時，極端的人可能會懷疑你與惡魔接觸，抑或認為你做了錯事。

有太多迷信和恐懼扼殺了我們與生俱來的能力，例如每個人都擁有的直覺。我相信**現在迫切需要這些靈性天賦為世界帶來治癒**，人類已經陷入一大堆困境中，我們所需要的解決方法將來自某個靈性泉源，由任何願意作為改革容器的人帶到這個世界上。

身為一名高敏感的共感人，隨著我每天磨練自己作為能量治療師的技能，我感知和辨別大多數人所謂的邪惡、有害或虛假事物的能力得到了提升。我稱自己為世界最大的測謊儀，幾乎可以在有人說謊前便聞到謊言的味道；我有著一對巨大觸角，可以感知到空間甚至身體內的能量集中在何處，以及如何流動；我還會做一些後來如實發生的夢境，我就是可以簡單而深刻地感知到一切，而非經過邏輯分析去得知。

我從來不覺得這些能力會對我或其他人產生任何負面或有害的影響。事實上，我已開始利用這些能力幫助我療癒自己，現在更幫助了成千上萬的人。任何能夠帶來深層放鬆、

慈悲、愛和理解的事物，怎麼可能有不好的一面？

　　我完全相信所有人都具備這些能力，正如每個人都有包括心跳的循環系統一樣。我們每個人都具備多種感知方式，以接收對我們有益的訊息。正如任何與眾不同的能力般，發展此類技能，首先需要相信這些能力真實存在，對自己可以獲得這些能力充滿信心，消除任何恐懼，並加以學習和實踐。

　　現代生活可能是造成這些能力蟄伏的部分原因。我猜過去電話、媒體和衛星導航尚未發明前的時代，人們必須依靠這些天賦才得以生存。一些至今依然完整保留原始風俗的原住民文化中，其族群幾乎可以不用語言進行交流，所有思想的傳送和接收皆無須言語。如果你生活在沒有電的環境中，這種能力不但必要，還能節省能源。他們不斷地實踐一種更高、更自然的感知方式。

　　對一些邊緣人來說，運用超能感官是無師自通的。也許你在小時候曾見過死者的靈魂，或者記得前世或另一個維度的情況。你可能會自然地被靈性、遁世或神祕生活所吸引。

　　如果這些天賦或興趣讓你感到害怕，我強烈鼓勵你治癒這些能夠被消除的恐懼。現在，我們的世界比以往任何時候都更需要靈性洞察力和更深刻的感知。我在與年輕族群互動時確定了這一點。我見過無所不能的青少年，從看見樹木的能量場相互交流到與動物交談，當然，還有見到亡者。

　　這代靈魂是一群強大而神祕的群體，其中也包含對情緒

和心理學逐步發展的理解。不管你年齡多大，這些天賦可以讓很多人受益，而且也正是為了這個目的才賜予給你。但可惜不是每個人都能理解且擁有開闊的心胸，這是肯定的。

但你體內擁有力量，足以成就你去經歷與仇恨者和懷疑者共處，給予他們祝福，並繼續前進。當你遇到**不被支持**的情況時，請將人們分為兩類：「我來這裡為其服務的人群」和「我不為其服務的人群」。你不為其服務的人群仍然可以是你的家人、朋友、同事和隊友，只是不會成為你的靈性導師、嚮導或你運用天賦幫助的人。保持這種清明的心態很重要，如此一來，你就不會因為那些無法理解超脫塵世能力或受驚的人們而感到氣餒。

能理解的人自然就會理解，不能理解的人則不然，這跟你個人無關。服務還是不服務，這是一個值得考慮的問題。

獨立性

世界上仍有很多人無法獨處。只要日常行程沒滿，他們會利用所有空閒時間跟其他人待在一起。這些人處於嚴重的劣勢，因為他們的感受好壞或是否感到安全，皆取決於**其他人的參與**，而其他人往往不一定能很好地幫助他們獲得想要的感受。

他們將很努力地了解自己，並與宇宙建立健康的關係，這是生命中最重要的兩種關係，而且需要在獨處中進行。畢

竟，要判斷該停在何處和從何開始是很難的。沉默、內觀、自我反省、探究和神聖的交流都是**內在**的體驗。一個健康、平衡的生活既允許獨處，**也允許**與他人共度時光。

另一方面，你已**掌握**了獨立性。如果你曾經被孤立，或者至少有過這種感覺，那麼這種隔離感可以激發你的舒適感。你曾歷經被誤解的時期，甚至被誤解已成為常態，都將導致你也許不得不和自己作伴，因為周圍並未有其他人陪伴。

無論你被孤立的理由為何，獨立將為你帶來許多自由，例如：

- 擁有空閒時間探索食物、工作、休閒時間和人際關係方面的另一種生活方式。
- 選擇獨立思考的能力：我們活在一個意識和潛意識訊息無所不在的時代——遠離人群可以讓你不受「從眾心態」影響。
- 脫離對你或你的使命無益的家庭或社區信仰。
- 與你內在慾望建立深厚關係：獲得在你的生活真正想要擁有、創造和體驗的重要知識——噓，感知是實現這些慾望的第一步。
- 創造時間以自我反思、自我探究、療癒過去的包袱、開發管理壓力和處理情緒的工具。
- 形成健康和自我保健的空間。

倘若你不依賴透過跟其他人待在一起以緩解孤獨，就可以更明智地選擇出真正想一起共度時光的對象——那些你能輕鬆相處的人、認識真實的你的人。和這些人相處，就能產生深層連結和甜蜜的靈魂共鳴，這是滿足親密情感的機會（如果你已經習慣過於孤獨，並且難以建立健康的關係，請見〈13. 找到屬於你的同伴〉，第二百七十四頁）。

創意

創意並不局限在藝術、表演、音樂或寫作！邊緣人為他們所做的一切帶來新鮮、獨特且罕見的創意精髓。從創意十足的走路方式到深具開創性的混合植物培育點子我都看過。你的創意靈魂也可能體現在網頁編碼、打掃浴室的方式或說話的語調。若你關注食物這個話題，會發現人們有無數選擇、準備和消費食物的創新方式。當你把橘子切開一個縫，接著塞進一片巧克力，然後一口吃下肚，**就是這樣**！我親愛的M2T 們，這就是一種創意展現，而且是我親眼所見！

我的牧師朋友梅麗莎·摩爾—諾布爾（Melissa Moorer-Nobles）最近跟我分享，她過去從未認為自己具有創意，因為她不是藝術家。但她現在知道她是屬於自己生活的藝術家，而你也一樣。我告訴她：「很開心妳想通了，那顯然不是事實。」因為她那身套裝，讓我很快就看出來——我說的不是打扮，而是套裝。每次我見到她，她從頭到腳搭配的都是最

獨特的服裝、鞋子和珠寶，只有藝術家想得到這種搭配，再加上完美的妝容和髮型，和她整身穿搭融為一體。她每天都讓自己搖身一變，成為行走的藝術。

有時候我在忙碌一天中，唯一能創作的藝術就是畫眼線！我們的與眾不同是有意為之，我們為世界注入了生命！而說到藝術，雖然並非所有邊緣人都是傳統意義上的藝術家，但大多數藝術家確實都與世界格格不入。就連那些眾所皆知的名人，甚至是看起來像瑪莎・史都華（Martha Stewart）的普通人，我敢說他們內心都存在一隻史努比狗狗。他們將怪誕的能量投入其作品和創作行為本身中。當一個人從無到有，帶來一些東西時，就是從邊緣到先驅者的表現。

創意需要勇氣、獨立、自由思維和遠見。這些特質是否似曾相似呢？沒錯，你正對著一面空白的牆、畫布或紙張，一些東西會從你和以太中誕生，透過你進入並填滿那處空白空間。

坦然面對逆境

現代父母普遍希望為孩子創造出舒適、輕鬆的生活空間──如今大多數孩子都不幫忙洗碗或耙樹葉了，而很多人也不會在出社會後還與父母住在一起。與此同時，他們擁有的物質財富、機會和優勢比以往任何時候都要多。當前的企業創造了前所未見的便利生活。拿食物來說，只要點開一個

應用程式，就可以將數百種烹調好的菜餚直接送到府上。如果想動手做飯，甚至不需要自己洗菜和切菜。

　　然而，當我們檢視名人出身時，會發現他們**普遍都成長於巨大的逆境中**，而非過著安逸的生活。面對挑戰和逆境，你有兩種選擇：**沉沒或游泳**。當你學會游泳、不斷前進、不斷嘗試並為自己和他人創造更好的生活時，就能培養韌性以更好地面對考驗。

　　「我們認知的上流人士歷經失敗、苦難、掙扎和損失，並找到方法走出低潮。這些人擁有對生活的鑑賞力、敏感度和理解力，使他們充滿慈悲、溫柔和深切的關愛。上流人士並非一朝一夕就能達成。」

　　　　　　　　　　　　　　　　——伊莉莎白‧庫伯勒—羅斯
　　　　　　　　　　　　　　　　（Elisabeth Kübler-Ross）

　　你不會期望所遇到的每個人都愛你、支持你，並且諸事順利。你清楚地記得那些不順的時刻。**身為一個可愛的異類，本身就會帶來挑戰**。包括那些被拒絕、排斥和誤解的時刻，所有讓你感到自己不被接受的時刻，甚至當你對自己的感覺與自愛的定義不一致時，這些皆為逆境。這麼說可能難以理

解，但這段個人逆境的旅程很可能是你最大的財富。

　　我知道聽起來似乎不太可能，但希望你容我解釋！所有生命、成長和進展的點點滴滴都伴隨著挑戰，這就是我們成長和蛻變的**方式**。我可能很懶吧，如果躺在沙發看 Netflix，就能越來越做自己，並享受由此帶來的所有快樂，想必我會這麼做。但過去的生活為我帶來很多進步的機會，而大部分都包裹著逆境的外衣。

　　此話出自《顯化效應》一書的作者讓你感到驚訝嗎？相信我，我知道自己在說什麼。你絕對可以創造美妙的生活；事實上，那種生活正等著迎接你的到來。我每天都感受到千真萬確、來勢洶洶的深刻祝福。

　　與此同時，這代表你將面對毫無用處的信念、對成功和失敗的恐懼、關係的重新配置、外部阻力等等。所有的改變，即使是最好的改變，都會帶來壓力。

　　通往目標的路上難免會遇到阻礙，你有機會泰然自若地面對這些挑戰。身為邊緣人的你身懷神祕力量，這種內心的堅韌能讓你勇往直前，度過消沉的時期，直到迎來光明。**這種堅韌是無法被賦予的，它會在每次的失敗、人生不如你意、遇到挫折時逐步壯大，讓你做好準備。**

　　新冠疫情期間，關於世代間衝突的迷因哏圖層出不窮，尤其是千禧和嬰兒潮世代間的衝突。這其中透露出了一些關於 X 世代經歷的逆境以及如何因此變得堅強的啟示。我看過

一個迷因哏圖,寫道:「我小時候沒有玩伴,爸媽把我們趕出去直到天黑。而我們之中最脆弱的人最終自然成為未解之謎的主角。」當然,這是一個笑話,但也顯示了父母育兒方式的轉變。

在較不舒適的環境下成長的人,會養成堅韌的性格,這是非常寶貴的特質!重點是,如果你灌輸自己類似這種話:

我沒辦法做真正的自己,因為……
- 我的父母不支持我
- 學校從來不讓我參加所需的課程
- 我小時候很窮
- 沒有人喜歡我
- 我身體不便
- 每個人都認為我很奇怪

……或大同小異的自怨自艾,我希望你放下這些過往。幾乎所有成功故事背後都有類似的困境,有這些遭遇的人大有人在,你並不孤單。

慈悲心

逆境會引導我們獲得下一個超能力:慈悲心。**遭受苦難的人們會更加致力於理解和減輕他人痛苦。**許多邊緣人加入

動物救援、擔任監獄牧師、照顧有特殊需求的兒童和老人，並參與其他形式幫助人們改善生活的活動，這絕非偶然。

要知道，慈悲心不僅僅是一種感覺，同時是一種能夠幫助緩解和療癒的重要能量，對給予者和接受者皆是如此。

"

「慈悲心可以被描述為讓我們感受自己和眾生的脆弱與痛苦。」

——塔拉‧布萊克（Tara Brach）

"

慈悲心常常與同情和憐憫混淆。如果你為某人感到難過，或對另個人的困境感到絕望，這不是慈悲心。**同情和憐憫都含有蔑視或評判他人的成分**，並夾雜對其**不抱希望**的想法。

你看到一個無家可歸者睡在高架橋下方。當時你正在停紅燈，你朝高架橋下望去，發現他們被引擎聲驚動醒來，同時一臉困惑。這些流浪街頭的人失去了人生方向，無法養活自己，讓你的心隱隱作痛。當他們舉著手寫的要錢紙板靠過來時，你身體一僵，只得稍微搖下車窗，塞了幾美元。綠燈亮起後，你驅車離開，同時鬆了口氣。幸好你跟他們不一樣。

在上述例子中，主人公確實為他們遇到的人感到難過，但在流浪者和主人公中間卻產生了隔閡。

以下是同樣的情況，讓我們看看從慈悲的角度出發會怎麼發展。

你看到那些無家可歸的人，就知道他們一定歷經了巨大的痛苦，像這樣流浪街頭肯定讓人感到恐懼和疲憊。雖然你不曾經歷過無家可歸，但你記得自己有一段時間辭職後失業了，找不到合適的工作或居所，那時的你是如此恐懼和孤獨。你花了點時間想像自己正用胸腔呼吸，一股淡淡的溫暖慢慢甦醒並蔓延開來。你朝對方招手請他靠近，並遞給他幾美元，微笑道：「好好照顧自己，我會為你祈禱。」隨著綠燈亮起，你開車離開，內心的溫暖倍增。

在上述兩種情況，你花費的時間或付出的金錢並無區別。唯一的區別是從**理智轉移至情感，從批判轉向理解，從恐懼的施捨到真情實意的給予，從接受絕望到帶來希望**。

這種情感無法偽裝。如此程度的慈悲心只能源自內心的真誠。而各位邊緣人同胞，你們有能力拓展自己天生的慈悲心，將其轉化為一種療癒、賦予生命的力量。

注意在上述例子中，我並未設定每週去慈善廚房做志工或去收容所幫忙照顧動物。你的慈悲心可能會引導你去更多類似的機構工作，當我談論慈悲心時，人們通常會跟我分享，他們在等退休後去當讀寫老師或創辦慈善機構。

但我所指的慈悲心，是希望他們從**現在**開始在內心注入慈悲，無論何時遇到痛苦，都會本能地分享這份心情。不管

是超市裡累得要命的收銀員；在餐廳裡爆哭的小女孩；一段男子經歷自然災害後險些生還的影片，就連在網路上看到別人遭遇困境，也是表達慈悲的機會，即使你與當事者沒有直接接觸。這些情況都可以靠慈悲去療癒，而且不需要你表面地「做任何事」。

對於收銀員來說，你只需將愛與和平傳遞給他們，面帶微笑地結帳就足夠了。你不需要也不應該走到櫃檯後面，給他們一個大大的擁抱！你滿懷慈悲的能量就已經等同於擁抱。

下述是我如何在日常生活中展現慈悲心的方法。我向來認為每個人和每件事都該發展得更快。我天生反應敏捷，倘若周遭的情況和人們不按照我的意願自動自發行動，就容易感到不耐煩和沮喪，而且我已經生活在一個步調很快的地方了！你能想像我住在佛羅里達時的感覺嗎？我出門旅行時，往往需要花兩天的時間才能適應周圍步調。

在過去，這讓我翻白眼，大嘆一口氣，盯著前面的車，大喊：「讓開，你這個慢郎中，快閃開！」我知道自己需要改變這種個性。這不是我想繼續向世界釋放的能量。

這是我改變自己的作法，你也能試試看：

1. 首先，我認知到沮喪情緒開始上升。
2. 呼吸時將空氣充滿胸腔。
3. 對自己萌生慈悲，理解自己跟大部分人的步調不同。

4. 在腦中想像擋住我路的「那個人」。我是否也曾是「那個人」？我是否曾開太慢？當然有囉，在我不熟悉路況或開車經過動物、漂亮的樹或歷史建築的時候。

5. 想出幾個關於「那個人」開車慢的原因。可能是右腳踝受傷、服用過敏藥物或心情不好。但事實上，「那個人」發生了什麼並不重要，反正我永遠不會知道，但這麼做能讓我轉移焦點，也因此感覺好多了。

6. 然後將這份慈悲傳給他們。

　　這個方法改變了我很多。「那個人」不是我的敵人，不會妨礙我進步的節奏，更不會浪費我寶貴的時間！他們是我的手足，我的同伴，我的朋友，他們只是盡其所能地在這個世界上闖出自己的路。

　　這個練習讓我能更好地適應周圍的生活步調，無疑使我成為一個更安全且更有禮貌的司機。最重要的是，我正在將跟我的價值觀和職業相符的能量投入這個世界。當我感覺更放鬆後，就有額外的時間完成更多任務，我更加地專注，而且變得更能徹底去享受，而不僅僅是完成一件事。

　　有些非常簡單的方法可以培養你的慈悲心，並用來療癒你的每一天。身為一個邊緣人，這種超能力將自然而然地自你體內湧現，只是需要一點察覺和練習。

　　對他人慈悲可能比對自己慈悲更容易。雖然感覺有點本

末倒置，但我一直覺得先喚醒對他人的慈悲心，再將其用在自己身上要容易得多。一旦想起過去所經歷的一切缺乏慈悲心時，就都說得通了，我們會根據別人如何對待或虐待自己來決定我們的價值。

是時候用這個美麗的天賦療癒自己了。

M2T
日誌時間

1. 確認你在哪方面對自己特別不友善的原因、時間和方
   法，以至批判甚至霸凌自己，並感受當下的心情。
2. 形式可以參考如下：

可能原因？

- 外貌：身高、體重、吸引力等
- 家庭：父母離異、家庭不健全
- 教育：某些科目特別差
- 你擁有的大腦特質：智力、解決問題的能力、理解力
- 成就：高成就或缺乏亮眼成就
- 工作
- 愛好
- 運動
- 人際關係：家人、朋友、同儕、同事、戀愛關係

何時？

- 當別人發現我的問題或弱點時
- 當我和家人在一起時

- 當我和 _____（特定的朋友、同事等）在一起時
- 當我在社交媒體上
- 當我看電影或電視時
- 一天中某個特定時間，如：總在晚上睡覺前、剛起床時

先前的感覺如何？

當你對自己不友善後，有什麼感覺？

1. 你是否意識到自己存在上述的致命弱點？如果有，是哪一個？描述幾個你在目前生活中察覺到的情況。如果沒有，你能想到其他能引起共鳴的致命弱點嗎？請為這個弱點命名，並描述是在何時與如何發生的。

2. 你是否認識到自己有前述的超能力？如果有，是哪一個？描述你現在使用該超能力的情況。然後想出幾種可以更常使用該超能力的方法。

M2T自我慈悲練習

1. 暫停（HALT）法

這個經典的練習源自於康復運動。我發現這個方法會為邊緣人帶來正面影響。自我批評可能產生類似於上癮或強迫症的扭曲行為，因為我們化作了自己內心的惡霸。當別人的霸凌行為早已停止很久後，你仍可能苛責自己。想扭轉這種行為和其他自毀舉措，首先要找出驅使這種行為的感受。

HALT 分別代表了飢餓（hungry）、憤怒（angry）、孤獨（lonely）、疲倦（tired）四種感受的第一個字母。如果你對自己太苛刻，請停下來問以下問題：

我餓了嗎？若是如此，我在渴求什麼？食物？關愛？樂趣？友誼？休息時間？穩定性？

我生氣了嗎？若是如此，我究竟在氣什麼？氣一個人、某個情況，還是氣自己？ 我該怎麼以安全、健康的方式發洩怒氣？

我孤獨嗎？若是如此，我可以聯繫誰？如果感覺沒有人可以聯絡，我該如何與自己成為朋友並為自己加油打氣？

我累了嗎？若是如此，我該怎麼做以滿足這個需求？早點睡？開始吃更好的食物並補充營養品？將任務委派給另一個人？尋找一份要求較低的新工作？

自我苛待會把你引向一種無意識、未被滿足的需求。把批評轉為好奇，才有可能使內心負面的聲音平息下來。

• 飢餓

如果你餓了，自我苛待尤其沒有幫助。除了覺得困窘，血糖也會跟著下降。吃些健康版零食能滿足真正的需要，照顧好你的身體，以防陷入羞恥的漩渦。

確實了解自己渴望什麼很重要。你渴求的不一定是食物，如果你真正渴望的是快樂，吃東西可緩解不了你的慾望。明確知道自己的渴望，並制定策略滿足需求，有助於你善待自己。

安排明確認識自己的飢餓狀況

1. 我真正渴望的是什麼？如果是食物，怎樣的溫度（熱、冷、室溫）、口感外觀（軟、脆、光滑、凹凸不平）和味道（鹹、甜、辣、清淡）最能讓你滿意？

2. 如果不是食物，請寫出能夠滿足這種飢餓的理想情況。尤其在你感到不滿足的時候，更要這樣做。正如你渴望在參加律師資格考試前一週休息一樣，但現在不可能請假，試想一下滿足這種需求會是什麼感覺，並為了可以付諸行動的時候制定計畫。

如果現在可以滿足，就開始實現吧！

• 憤怒

憤怒一詞給人一種負面的感受，因為憤怒往往與不守規矩和暴力有關，但那通常發生在情緒受到壓抑、醞釀並爆發，導致失控的行為後。

情緒沒有好壞之分。有你喜歡的情緒，反之亦然，但每種情緒都有獨特功能。情緒的產生是為了向你提供重要訊息，包括憤怒。憤怒會告訴你：「被這樣對待是錯的！」、「我厭倦了總是沒人要！」或「我有更好的辦法！」**當我們不承認且不去處理憤怒時，就容易把氣出在自己身上。**

事實上，很多人把**憂鬱定義為憤怒內化**。自我批評、侮辱、嘲笑、貶低和逼迫都是朝自己洩憤的方式。你已經受夠了被別人這樣對待，現在起，就讓我們扭轉局面吧。

「界線是我可以同時愛你和我自己的距離。」

——普倫蒂斯·漢姆菲爾（Prentis Hemphill）

明確認識憤怒

1. 詢問自己憤怒的情緒想表達什麼，想像憤怒的聲音在你腦海迴盪，將其原句不變地寫下來。

2. 你能採取什麼行動來改變這些情況？請盡量探索新的可能性。

3. 你能設立什麼界線？

4. 根據你在本練習中發現的見解，試著用書寫方式表達拒絕、設立限制和界線。既然你已接收到訊息，現在正是處理憤怒的最佳時機。

在我十幾歲到二十幾歲這段時期，憤怒是我唯一的情緒。當生活不如我意時，我會生氣。我對自己受到的不當對待感到氣憤；當超市裡的桃子賣完時，我會感到沮喪，回家的一路上都怒火中燒。只要心中充滿怨恨，發生什麼根本不重要。這些過往經歷代表我知道憤怒是多麼傷身，而且我非常擅於學習處理憤怒的情緒，並指導他人怎麼做。

處理憤怒能量的方法

1. **動一動你的身體**：憤怒不僅源於大腦，而是存在你全身。其滯留的能量需要透過流動並釋放出來。與你的身體合作，而非對抗。在此過程中不要傷害自己的身體，尊重任何身體限制，並盡其所能地伸展。

2. **買一個便宜、輕巧的塑膠威浮球棒**：感受你的憤怒，用球棒猛砸在一堆枕頭、換洗的衣服、沙發或床墊上。任何有彈性、軟綿綿的東西都可以。想像你抓著自己的憤

怒，抬起手臂，透過球棒頂端將憤怒往外釋放，每當你伸直手臂時，都能將憤怒發洩出來。

這是我個人最愛的方法之一。我永遠忘不了在搬進先前的房子時，發現地下室淹水的情景，代表那棟房子鐵定有什麼不為人知的過去。

一天晚上，我穿著一件巨大的亮橘色浴袍，在房間敷著綠色面膜，我知道現在必須發洩憤怒，不然會破壞搬新家的興奮之情。我從盒子裡拿出洩憤球棒（我叫她雷夢娜），然後用盡任何駭人的手段破壞我的舊沙發。

當我聽到有人倒抽一口氣，並透過毫無遮掩的窗戶往外看時，看到一名十幾歲的男孩呆愣地站在離我家只有幾英呎的人行道上。與此同時，我看到窗戶上自己的倒影，連帶男孩臉上驚恐的表情！我笑了出來，簡直捧腹大笑，根本停不下來！

我能說什麼呢，那條街將迎來新的氣象，費拉洛小姐粉墨登場！後來我確實感覺棒呆了。

3. **打破東西**：拿鎚子把你的舊獎盃、前任的香檳酒杯、注定要回收的廉價花瓶砸爛，創造屬於你的暴怒屋。

4. **保持洩憤的意圖**：然後使盡吃奶的力氣放聲尖叫，直到叫不出來為止，同時朝空中揮拳。這一招適合找一片樹林進行。

5. 嘗試這個練習：雙腳分開站立，腳趾稍微向外。將雙臂
舉至空中，形成 V 字形。首先用鼻子吸一口氣，嘴巴
吐氣的同時深蹲，並把手臂往下晃至後方。請記得，全
身都要配合運動。

・孤獨

任何情況都可能會出現孤獨感，就連跟他人在一起時也一
樣。對於邊緣人來說尤其如此，因為這會使我們想起自己和他
人間的差異。因此，融入人群不一定能克服孤獨。你需要的是
跟另一個能接受你、與你相處自在的人建立真正的聯繫。只不
過，不要期待他們知道你的心思，除非你學會把需求說出來。

打電話給朋友、家人或其他摯愛的人吧，向他們展現自己
的脆弱，誠實地坦露心聲：「我現在覺得很孤單。」接著說出
你的需求，記得要清楚、具體地表示：「你能在我做飯時陪我
聊聊嗎？」或「你能給我幾分鐘，聽我說說發生什麼事嗎？」
抑或是「這週末可以聚一下喝杯咖啡嗎？」

如果現在你周遭沒有可以吐露心事的人存在，或其實有，
也可參考以下方法：

互助團體

1. 現在各種成癮症狀和戒酒匿名會都有十二步計畫，提供

成癮者的朋友和家人協助。就算沒有成癮，也可從十二步計畫獲得幫助。知道這件事時可能會讓你感到驚訝。這些團體恰好是輔助機構很棒的範例，無論什麼情況，你都能得到他們的支持和指導。

2. 還有一些針對悲傷、創傷後壓力症候群（適合任何被霸凌的人）、家庭暴力、身體不便和癌症等醫療診斷的團體。大多數學校和學院都設有同儕支援小組，每個人都能向他人抒發心情。

3. 現在幾乎很多事都能利用網路進行，也比以往更容易接觸到互助團體的訊息。關於線上互助團體，我最喜歡的一點就是他們為你提供機會，讓你可同時獲得支持和給予支持。請記得，你有很多值得給予的東西，改變情緒低落一個很好的辦法就是幫助他人，並為他人服務。當你尋求支持的同時，可能會發現給予也能帶來幫助。

社群媒體上的團體

有別於互助團體，社群媒體上團體間的連結往往較脆弱。但它仍有許多優點，而且不僅限於社團，利用自己的帳號發文也一樣。社團可以非常具體地針對某個特定需求或興趣，像是「因兄弟姊妹驟逝而悲傷」或「早期寶可夢收藏家」。我參加了很多不同主題的社團，包括靈性、心理健康和能量治療等

等，每天都會有人發文請求祈禱祝福或尋求建議，而社團成員幾乎都會給予善意的回覆和解決辦法。

此外還有其他好處。一個我認識的人最近在 Facebook 上發文：「大家再見！」這則貼文在她的朋友圈中敲響警鐘。一位朋友報了警，警察連忙趕到她家進行安危檢查，而其他人則開始用簡訊和語音留言轟炸她的手機。最後才發現，她本來的意思是「再見了，Facebook」，她只是打算休息一下，而不是想傷害自己！她完全沒事。然而，看到評論區充斥著愛與關心，也讓人覺得十分溫暖。如果這真是緊急情況，就可能避免悲劇發生。我知道社群媒體引起了很多當之無愧的批評，儘管如此，但重點還是在於認識社群媒體是如何建立連結的，詳情請見第二百七十四頁〈13. 找到屬於你的同伴〉。

• 疲倦

我們親愛的身體因為過多刺激受到了損害，擾亂了睡眠和正常消化，使每個人陷入過度疲勞的狀態。長而久之，這會損害免疫力，令人脾氣暴躁！

認識到自己每天擁有多少能量，並聰明地分配管理是一種向自我展現慈悲的舉措；意識到自己感到疲倦時，請選擇休息，而不是喝大量含咖啡因的飲料，或再熬夜兩個小時，這是最原始的自愛。

明確知道自己的疲倦程度

1. 當你感到疲累時，身體會有什麼感覺？例如，脖子緊繃、圓肩、胃不舒服、睏倦、眼瞼下垂、頭痛。

2. 你過去可能忽略了哪些疲勞跡象？例如，變得煩躁、感到沮喪、反應過度。

3. 是什麼耗盡了你的能量？誰消耗了你的能量？

4. 是什麼可以增加你的能量？誰擴展了你的能量？

5. 回想最後一次你感到真正休息的時刻。當時你的生活發生了什麼改變？你現在能創造出同樣的情境嗎？如果可以，該怎麼做？

建議在你的日常行程與活動中間，安排時間諮詢自己的身體狀況。我們的大腦常會認為我們有更多能力承受不斷的刺激，身體卻不然。如果你的身體說了「不」，請重視這個信號。

安排休息時間，並寫在日曆上，藉由這個動作向你的潛意識發送一條訊息：休息跟其他的任務和責任一樣重要。請將這個信號當作任何承諾來重視。

> 「我們必須敢於做自己，無論你的自我有多可怕或奇怪。」
>
> ——梅・薩藤（May Sarton）

2. 架起內在小孩和自己之間的橋梁

當你難以對自己產生慈悲心時，就需要療癒受傷的內在小孩。倘若我們小時候，曾經受人羞辱、責備或侮辱，那麼我們的一點或很多能量，就會凍結於當下。這是一種重要防禦機制，可以讓潛意識在無法應對當下發生之事時封閉。若是那些能量在最初的威脅消失一段時間後，仍然與我們整體的能量分離時，就會產生問題。這些被卡住的能量裡藏著珍貴的禮物，等著我們取回。而有史以來最好的副作用就是，我們將會有更大的能力對各部分的自己抱持慈悲心，包括現在的自己。

・內在療癒練習

1. 為內在小孩寫日記

抱持與想回歸本體的小孩連結的意圖並寫下：**我親愛的內在小孩，我希望我們能合而為一。我可以在哪裡找到你？**

讓內在小孩透過你將答案寫下來。該位置可能是一個隱喻，例如：在井底或玉米田中。連結現實世界後，可能是你童年的臥室或祖母的房子。

一旦確定地點後，寫下：**你幾歲了？**（如果你還不知道）將此問題用筆寫在日記上。如果你沒有得到任何答案，那麼對方可能還是個嬰幼兒。

　　然後寫道：**發生什麼事了？**準備好迎接任何可能出現的答案，不要強求內在小孩分享尚未準備好甚至說不出口的細節。請待在你被允許的空間內。

　　接著問，**你需要什麼？**答案可能會是一個畫面或感受，而非文字。把你的注意力轉向自身呼吸，專注於空氣進出肺部的流動。然後開始想像你透過胸口吸氣和呼氣，直到出現溫暖或平靜的感覺。

　　在心中默念或開口肯定自己：「我打開內心的慈悲之門。」感受慈悲的能量為了你的內在小孩成長。

　　請看著這個小小的你站在前方，從這個小孩和你的心中間搭起一座橋梁或繩索，並看著慈悲的能量穿過繩索充斥雙方體內，看著這兩人在你眼前發生變化。

　　請睜開眼睛，再次寫下問題：**你現在需要什麼？**答案可能與先前相同，也可能不同。無論內在小孩做出什麼反應，盡你所能滿足他的需求。除非他們想要一匹小馬，那你必須解釋一下為什麼不行！

　　閉上眼睛，把焦點放回到你們兩人和那座橋上。請靠近一點，但一次邁出一步就好，直到你們胸口相對為止，並用一個充滿愛意的懷抱將他們緊緊擁住。請告訴你的內在小孩，他們很安全並且深深被愛。感受慈悲的能量在你們兩人之間和體內流動。讓你的內在小孩融進你的懷抱中，兩人合為一體。

當你準備好後，睜開眼睛，並寫下這段經歷，記錄當下產生慈悲的感覺。

2. 寫情書給你的內在小孩

開始練習每天寫情書給內在小孩吧。當你還小的時候，希望別人對你說什麼？你要怎麼讓他們感覺到尊重、被愛和重視呢？按照所希望收到的內容寫下即可。舉例來說：

我親愛的泰迪寶貝：

我整天都在想你，你是全世界最好、最漂亮的寶貝！每當看見你的笑容都會照亮我的心。我想讓你知道，我看見了你。我是如此愛你，很高興你是我的一部分。

愛你的狄奧多

3. 歡欣愉悅！

每個嬰兒都需要一個他們看到會情不自禁感到欣喜的人。這在兒童早期發展是很重要的一環。由於眾多原因，包括大腦結構的問題，不是所有人都能感受到這件事。現在，我們將給予自己這個禮物。

請閉上眼睛，想像你正抱著熟睡嬰兒版本的自己。如果身邊有嬰兒時期的照片，請拿出來看並在腦海描繪這幅畫面。

請看著這個嬰兒睜開眼睛並伸展手腳。對他們說著甜蜜和

充滿愛意的話：「噢，小寶貝，早安呀！我好高興見到你喔，小太陽。我最親愛的寶貝還好嗎？很好呀？當然囉！我有你真是太好了。」

想像親吻和搔癢的畫面，看見自己把他們裹在一條舒適的毯子中。當寶寶微笑、發出咯咯笑聲的時候，你會發現他們的眼睛閃閃發亮。

每當你對自己要求嚴格時，就回到這個練習。感受愛、溫柔和慈悲在你體內流動。這個練習可以真正停止你所有負面的自我對話。

4. 使用 4 − 7 − 8 呼吸法

療癒會帶來焦慮，因為你正在改變，這時可以使用這個簡單的技巧來平息焦慮反應。

閉上你的眼睛。透過鼻子吸氣，數四下；然後屏住呼吸，數七下；最後用嘴巴慢慢呼氣，數八下。重複五到十次即可。

> 「做你自己吧，因為其他角色已經有人扮演了。」
>
> ── 奧斯卡・王爾德（Oscar Wilde）

快速自我檢測 M2T 表單：語言的力量 #2

　　如果你偏愛第九十七頁中「快速自我檢測 M2T 表單：語言的力量 #1」中單一或多個不利詞彙（例如，邊緣人、怪咖），也不需要拋開這些習慣。只是到了重新構想、定義和使用這些詞彙的時候。這是那些不愛拘束的人一直以來做的事。現在輪到你了！

　　在空白處填入這些詞彙對你而言的意義。我從我的表單中列出一些內容，供你參考。

邊緣人

當我說這個詞的時候，看到了什麼：＿＿＿＿＿＿＿＿＿＿

＿＿＿＿＿＿＿＿＿＿＿＿＿＿＿＿＿＿＿＿＿＿＿＿＿＿＿

這個詞對我的意義是：＿＿＿＿＿＿＿＿＿＿＿＿＿＿＿＿＿

＿＿＿＿＿＿＿＿＿＿＿＿＿＿＿＿＿＿＿＿＿＿＿＿＿＿＿

請寫下並複誦以下句子：「現在我要奪回邊緣人這個詞！」

魯蛇

當我說這個詞的時候，看到了什麼：＿＿＿＿＿＿＿＿＿＿

＿＿＿＿＿＿＿＿＿＿＿＿＿＿＿＿＿＿＿＿＿＿＿＿＿＿＿

這個詞對我的意義是：＿＿＿＿＿＿＿＿＿＿＿＿＿＿＿＿＿

_____

請寫下並複誦以下句子：「現在我要奪回魯蛇這個詞！」

怪咖

當我說這個詞的時候，看到了什麼：_____

_____

這個詞對我的意義是：_____

_____

請寫下並複誦以下句子：「現在我要奪回怪咖這個詞！」

你自己常用的詞

1. 當我說這個詞的時候，看到了什麼：_____

_____

這個詞對我的意義是：_____

_____

請寫下並複誦以下句子：「現在我要奪回 _____ 這個詞！」

2. 當我說這個詞的時候，看到了什麼：_____

_____

這個詞對我的意義是：_____

_____

請寫下並複誦以下句子：「現在我要奪回 ＿＿＿＿ 這個詞！」

3. 當我說這個詞的時候，看到了什麼：＿＿＿＿＿＿＿＿＿＿＿

＿＿＿＿＿＿＿＿＿＿＿＿＿＿＿＿＿＿＿＿＿＿＿＿＿＿＿＿＿＿＿＿

這個詞對我的意義是：＿＿＿＿＿＿＿＿＿＿＿＿＿＿＿＿＿＿＿

＿＿＿＿＿＿＿＿＿＿＿＿＿＿＿＿＿＿＿＿＿＿＿＿＿＿＿＿＿＿＿＿

請寫下並複誦以下句子：「現在我要奪回 ＿＿＿＿ 這個詞！」

4. 當我說這個詞的時候，看到了什麼：＿＿＿＿＿＿＿＿＿＿＿

＿＿＿＿＿＿＿＿＿＿＿＿＿＿＿＿＿＿＿＿＿＿＿＿＿＿＿＿＿＿＿＿

這個詞對我的意義是：＿＿＿＿＿＿＿＿＿＿＿＿＿＿＿＿＿＿＿

＿＿＿＿＿＿＿＿＿＿＿＿＿＿＿＿＿＿＿＿＿＿＿＿＿＿＿＿＿＿＿＿

請寫下並複誦以下句子：「現在我要奪回 ＿＿＿＿ 這個詞！」

06
奪回你的力量

「當意識到自己永遠無法適應社會希望我融入的狹窄框架後，
我便感到自由了。」

——艾希莉·葛萊漢（Ashley Graham）

　　共同探索你天生自愛的動力來源是如何遭到破壞這點很重要，我發現這在邊緣人的療癒之旅中占有很大的比重。也許沒人能夠生在一個家庭、城鎮、國家和時空背景下而不受任何框架束縛，如果我們沒有經歷過這些，社會就無法運作。

　　而群體行為有一定準則，其中很多都是必要且無害的。當我把車開進停車場後，我會盡量把車停在指定空間的兩條線中間，如果我橫向停車，占用三個車位，我不僅占據了過多空間，別人能停的位置也變少了，我還可能要花很多時間才能把車開出來！所以這不在本章要探討的範疇內，輕率和自私根本談不上什麼本來的權力。

　　這裡所說的框架是你接收到他人覺得你不好的訊息（出於種種原因，人們會憑空斷言其他人不好）。這種剝奪權力的情況大多發生在童年時期，但你很可能現在**仍**會收到這些訊息，請留意任何適用的情況。

> 「人們的歸屬感嚴重受到某些人的危言聳聽危害，因為他們擔心那些人會在自己無法控制的地方找到公民身分，從而威脅他們的地位。」
>
> ——理查‧羅爾（Richard Rohr）

　　孩童很容易被制約並因而形成信念，尤其和自己切身相關的信念。我們從出生到大約七歲時，腦波大多處於 θ 波和 α 波的狀態，這些是我們在催眠過程和深度冥想中呈現的腦波狀態，孩童在這段時期接觸到的任何事物，都會直接進入潛意識。處於此階段的孩童必須仰賴周遭的人提供訊息，因為他們的大腦還沒有發展出理性思維的能力。

　　因此，倘若你在還是嬰兒時，你的母親反覆告訴每個人她希望生的是男孩而不是女孩，你的潛意識就會接收到這個訊息。你可能會堅信自己在某方面有缺陷或很糟糕，或所有女性都低人一等，而你可能沒有記憶解釋這些想法的來源。

◐ 當你被霸凌、羞辱、排斥或孤立時的回想清單

　　以下是這些現象可能發生的場所和關係清單。這份清單是為了幫助你認識到自己被羞辱、霸凌、排斥或孤立的時刻，因此我列出這些選項以喚醒你的記憶。在本章結尾，我將提供機會讓你寫下自己的經歷。

地點

　　家、學校、教堂或其他靈性組織、俱樂部／社會機構、大學（包括兄弟會和姐妹會）、實習工作、職場、網路、公共場所（商店、餐館等）

造成這些現象的是誰？

父母、繼父母、養父母、祖父母、監護人、兄弟姊妹、多代同堂的大家庭和家族朋友、鄰居、朋友、同學、老師、宗教權威（例如：牧師、青年團體領袖）、俱樂部、班級或團體領袖（例如：男、女童軍隊長、舞蹈教練）、陌生人（任何你不認識的人）

當你完成以上部分後，請參照以下結果是否引起你的共鳴？請圈出適合的選項。

◐ 被霸凌、羞辱、排斥或孤立的結果

- 為避免引起別人注意，讓自己顯得低調
- 變得安靜（字面意義和暗喻），包括不反對他人
- 害怕被拒絕，所以維持不健康的關係
- 嘗試透過你的外貌、職業類型、滿足周圍人的社會地位（取決於地區、文化、是否信教、收入、教育程度）來獲得他人認可，不表達你的想法（或讓別人獲得功勞），不掀起波瀾（或不堅信自己的想法），猶豫不決（為了配合別人而改變自己，而非做自己）

⦿ 霸凌導致低自尊的影響

- 飲食失調
- 成癮（例如，對電話、電動、對錯、取悅他人、關注等被他人稱讚和外部認可成癮，以及眾所皆知的成癮，像是酒精、毒品和食物）
- 低成就、收入不足
- 關係處理

> 「我發現霸凌與你本身無關，其實霸凌者才是沒安全感的人。」
>
> ── 薛·米契爾（Shay Mitchell）

⦿ 專業協助的說明

你們每個人都帶著自己獨特的經歷、家世、性格、支持系統以及療癒之旅和工具來尋求幫助。如果本章或下一章，抑或本書其他部分提到的任何方式讓你感到卻步，請相信你的直覺和身體感受。

當你尋求支持，會發現支持可以來自各種管道，從免費的十二步計畫（像是匿名戒酒互助會）到你已經加入的社區

宗教諮詢，還有由經驗豐富的創傷知情教練、治療師或持有證照的心理健康諮商師提供的專業服務。根據我的經驗，自我引導治療是獲得力量的重要步驟。畢竟，你二十四小時都在跟自己相處，只有你才能在需要之時提供自己支持和愛。

例如，你在開會時遭到老闆辱罵，當你回家淋浴，舊記憶突然湧現時，**只有你能安慰自己**。我們獨自經歷很多引發恐懼的誘因，學會培育、支持、愛自己、與自己成為朋友和照料自己至關重要，不只在我們真正的自我旅程中，還有餘生的每一個旅程。你心裡存在著答案。而有時候，外部支持恰恰是克服下一個障礙、聽見答案和實現突破所需要的。

我們不知道的事情太多了，就算用 Google 引擎也搜尋不到答案。我本身在生活中，有一位導師、幾位祈禱夥伴、和我互相交流的能量治療師同事、一位薩滿、三位美體工作者，以及你所能想像、來自各個背景的療癒朋友名單，且不斷增加中。甚至有時我會在晚上十一點發簡訊給他們，說：「有治療腰痛的祕訣嗎？我痛到睡不著！」現在想想，那些給予我支持的各年齡層、有正常工作的朋友，他們人生確實經歷過各種可能的情況。

忘了提到一位編輯，他偶爾需要跟我來場充滿智慧、鼓勵和提振士氣的談話（看到這裡你是否已經累了？想想我的感受！）。而且如果有需要，我會毫不猶豫地回到談話療法。我已建立一系列提供支持的場所幫助我完成自己的療癒之旅。

請記住，我做這份工作是為了謀生，而我的靈性和諮商、療癒之旅則是我生活的中心，我只能盡力療癒自己。對我而言，走出陰影並鼓起勇氣公開這件事，這種支持是絕對必要的。

至於你，可以想想自身經歷中的兩個部分：你的靈性本質和人性。我從事療癒工作時會同樣注重兩者並與之交流，因為這樣最富成效，找個祈禱搭擋和互助團體或許是個不錯的開始。

如果你過去曾遭受虐待，或經歷過任何形式的創傷，感到孤立或沮喪，而且從未尋求專業的心理健康服務，請把現在當作尋求幫助的最佳時機。你之所以拾起這本書，可能是為了接受來自高我的邀請，而非拒絕接受這些資訊。它希望你清除過去的痛苦和編程，更加做自己。這或許也是為了讓你愛自己。

◐ 反思問題

接下來，請花點時間反思下列問題，我們將在下一章詳細討論。你可能會先匆匆記下最初浮現的記憶或想法，後來當你開車、洗澡或做夢時又回想起其他部分。請把你記得的所有事情都寫下來。讓我們從設立目的開始，請大聲複誦：

「我的目的是回憶那些讓我覺得受到霸凌、貶低、羞辱和排斥的重要時刻。我的目的是意識到今天的日期是

_____，我現在 _____ 歲。我的目的僅在於回憶那些對我來說安全、正確和有益的事情。我的目的是在對的時間以對的方式探索過去。我在此宣告，探索這些回憶來清除任何與其相關的舊傷痛是安全的。在整個過程中，我得到高我的支持和指導（此處請隨意帶入來自上帝、宇宙、聖母、阿拉、耶穌基督、大天使米迦勒或任何其他神祇的支持和指導：『我得到 _____ 的支持和指導』），我很安全。」

你第一次意識到別人覺得你與眾不同是什麼時候？你是怎麼接收到該訊息？你當時被取了難聽的綽號嗎？別人會用「鄙視的眼神」看你嗎？你是否受到不同的對待？

你第一次想起自己與別人不一樣是什麼時候？當時你的生活發生什麼變化？

如果你曾被霸凌，請寫下每次的事發經過。花點時間回憶，並讓這些回憶隨著時間流逝。

"

「我們最大的榮耀不在於從不失敗，而在於每次失敗都能站起來。」

——拉爾夫·沃爾多·愛默生
（Ralph Waldo Emerson）

"

快速自我檢測 M2T 表單：
八種記住真實自我快速（且有趣）的方式

1. 觀看一部主題為從邊緣到先驅者的電影。推薦電影清單請見第一○三頁、第一百一十四頁。然後，沐浴在其中激勵人心的感受。

2. 播放頌揚獨特、自愛和自我接受的音樂，然後隨之起舞！推薦歌曲清單請見第一百二十一至一百二十四頁。

3. 寫一首俳句傳達你的真實本質。這種詩歌源自日本，以簡潔和短促著稱。俳句共寫三行，第一行五個字，第二行七個字，第三行五個字。別想太多！你只需寫下幾行關於他人未發現的真實自己的文字。

4. 重複念誦能使你激發自我力量的肯定句，初學者常見範例為：

   • 我來到這裡是有目的的。

   • 我記得我的獨特是給世界的禮物。

   • 我擁抱我現在的一切。

5. 寫下生活為你而精采的三種方式。範例：

   • 工作升遷

   • 新交了一個朋友，他叫弗朗索瓦

   • 上禮拜的某天，一切都變得井然有序

6. 選擇一件你一直心懷感激的事情。設置碼表,並花上三分鐘詳細地在腦中回想當時情景,喚起這件事所激發的愛與感謝,並解釋為什麼你對此感到感激。

範例:你養的狗狗。想像一下牠們跳到床上舔你的臉。牠們柔軟的毛,以及獨特的叫聲,像是在說:「我準備好要散步了。」包括在你早上醒來看見牠的樣子。感受你對牠的愛!

7. 塗鴉!將你的名字寫在日記本中間,並在周圍畫一些線條、星星、笑臉、愛心、螺旋形或任何顯示從中心向四面八方放射的圖像。

8. 給自己一個擁抱。我是認真的!用雙臂緊緊環抱自己,輕輕地前後搖晃。這個動作可以鎮靜和舒緩我們的神經系統。

07

療癒過去

「所有被批評、貼上標籤、排擠和霸凌的過程,都會為你帶來長久的影響。逃避痛苦一直是人的天性,受傷的感覺很不好過,我們本能傾向避開。」

——克麗絲·費拉洛

　　情緒處理最大的迷思之一就是：時間可以療癒一切。噢，我也希望事情能這麼簡單——只要忽視情感創傷，傷口就會自行結痂並消失。然而，真相是什麼？時間的療癒效果有限。沒錯，在這個名為人生的過程中，我們會經歷一些小衝突和顛簸。這些經歷的確可能或確實會消失，但大部分困擾我們的問題並不在此限，尤其在我們探索是什麼事物阻礙自己過美好生活的時候。

　　所有被批評、貼上標籤、排擠和霸凌的過程，都會為你帶來長久的影響。逃避痛苦一直是人的天性，受傷的感覺很不好過，我們本能傾向避開，情況就是如此簡單。

　　逃避「不好」的感受是來自生物性的自然衝動，我們才會都做出這種選擇。而**當痛苦來自創傷時，迴避就是一種救命的應對機制。**可惜這種應對機制隨著時間推移，成效也會跟著降低。這種**逃避會導致未經處理的情緒在我們寶貴的身體中形成能量堵塞，而其來源可能是你昨天或甚至是三十多年前的一場大吵。**

　　想像一下浴室的排水孔蓋吧。一根毛髮被卡在了排水洞口，隨著夏天來臨，你開始像金毛獵犬一樣掉毛。更多的毛髮隨著第一根毛髮一起堵在了洞口，水流開始趨緩，接著又有更多毛髮加入了聚會，淋浴間的水開始聚積，好不容易才慢慢流入下水道。然後，當你洗完頭髮準備沖水時，排水管完全堵塞了。淋浴間的排水孔蓋整個堵住，變得黏稠，接著

開始滋生黴菌。上述便是在我們情感面會遇到的事。

　　雖然我可以想出其他比較沒那麼噁心的比喻，但使用排水管堵塞來比喻是有原因的，因為我真的很想讓你重視這件事。而有誰家裡的水槽、淋浴間或浴缸從未堵塞過呢？這是一個十分普遍卻極其噁心的經歷。發生這種情形時，我們會採取一切必要措施清除堵塞物，以便排水。我還曾經讓一根漂亮的玉筷子斷在堵塞的排水管裡呢。

　　我希望你同樣重視並迫切地處理情緒這件事。你不會希望自己的情感面就像一個發臭、發霉和布滿汙垢的浴缸吧。

　　所有未經處理的情緒都會保存在我們的能量場中。我們的能量場涵蓋全身各個部位，包括不容易意識到的地方。人體以固體形式存在，是由涵蓋所有生命體的移動粒子組成。所以當我提到「能量場」時，請勿把身體排除在外。

　　我並未談論一些深奧、無形、肉眼難以見到的廣闊空間。我說的是構成你這個整體的所有能量級別和層次。**體內未經處理的情緒，會對健康和幸福產生巨大的負面影響。**

◉ 情緒未處理的跡象

1. 體力下降或感到疲勞

2. 神經系統失調（在不危及生命的情況下出現高度反應、休克、憤怒和癱瘓）

3. 憂鬱

過多的情緒壓抑會導致全身受到壓力，感覺就跟憂鬱症一模一樣，並且可能是導致該病症的關鍵。

4. 焦慮

若是焦慮未經處理，累積起來會導致焦慮範圍擴大。例如，不知道為什麼，你似乎對開車過橋這件事產生恐懼，下意識地會避開過橋。接著，你注意到開車駛經高速公路時會心跳加快，因此開始只走鄉間小路。最後，當你準備開車從家裡出發時，在倒車離開車道前，便出現了焦慮的情況，現在你根本無法開車。

焦慮是為了警告你目前缺乏安全感。藉由避免可能造成負面情緒能量的事物來逃避感受，會增加警報響起的頻率。

5. 注意力缺失症或注意力不足過動症

因為你不喜歡當前的感受，所以會轉移注意力。你壓抑得越多，越會加深這種情況。

6. 成癮

這是世界上最流行的逃避方式。你今天工作不順利，同事邀請你去開心一下。喝了兩個小時只要半價的酒後，你便把在先前會議受到的屈辱拋諸腦後，但經歷該情況當下所產

生的負面能量仍存在你心。你的戀人為了新認識的對象拋棄你，你去到超市，把冰淇淋和薯條塞滿購物車，然後在家用大吃大喝暫時忘卻感情上的傷痛，但那種情感上的痛苦依然存在。如今像是酒精和糖之類的東西也會讓身體上癮。久而久之，偶爾的發洩就會成為一種讓人變軟弱的習慣。

7. 記憶力變差

你不願回想的經歷可能會導致你整體記憶功能出現故障。我的客戶常常跟我說，他們沒有任何童年的記憶，或不記得自己婚姻不幸的點點滴滴。所有的記憶都儲存在潛意識中；即使清醒的大腦將其遺忘或屏蔽。

如何處理

1. 誠實以對

情緒處理的第一步就是要**對自己的感受誠實**。感受本身只是一種體驗，一旦我們的大腦介入對感覺的思考，我們要麼因為真相太痛苦而否認，不然就是會因為有這些感受而覺得丟臉。

找一種適合你的記錄方式。不是每個人對於把想法和感受寫下來都能產生共鳴，有些人會選擇錄音。還有人會將他們的感受轉化成畫面，從潦草的線條畫和火柴人，到雜誌剪

報和精緻的藝術作品我都看過。重點在於**表達**，找到一個完美的途徑，讓你的感受在自己的頭腦和身體之外發聲。

　　一旦你對自己誠實，就能拋開自己對擁有這些感受的批判。批判你的感受可能會是：「我在小題大作」、「別人都不會像我一樣覺得恐慌」或「我有這種感覺，真的很糟糕（軟弱、自私或＿＿＿＿）」。

　　對我們情感體驗的批判，會阻礙所有處理過程。要知道情緒永遠不會符合邏輯，**必須要允許存在於情緒中的任何面向**。請覆誦以下肯定自我的句式：

　　我完全接受我的感受。

　　所有感受都是好的訊息。

　　我是一個有感情的人，我接受並允許每一種情感。

　　有感情是作為人類的重要部分。

　　有這種感覺是沒問題的。

2. 記錄記憶

　　創建時間軸會是一種非常有效的療癒工具。

　　將一張紙打橫，從距離上方約七公分的位置，從左至右畫一條線。如果你超過三十歲，請考慮使用比一般規格更長的紙，你會需要更多空間。

　　在線的起點做標記，代表你的出生，右邊末端則標出你

現在的年齡，並在橫線上間隔地畫上直的小短線。

接著，開始將人生的重大轉折點標記在小短線上：搬家、各種畢業典禮、每份工作與各種關係的開始和結束。然後，最重要的，一定要包括你印象中任何過去的痛苦經歷。

最後，請將痛苦經歷拉出來單獨做成列表。當你瀏覽這些經歷時，在那些讓你感到難堪的經歷旁打勾。每一個被標記的不舒服情緒都代表需要處理，並把這些讓人難堪的記憶用於下一階段。

3. 成為自己的浮木

你將回到過去，成為當時需要的浮木。

請閉上眼睛，開始跟隨呼吸的節奏。

放鬆下來後，請求潛意識允許你進入當時發生的記憶。

你看著該記憶進入腦海，你的潛意識可能會完整地回憶整件事，彷彿此事正在發生，或用隱喻的方式，使用影像來象徵那段經歷。兩者皆有效果。

你看見過去的自己處於困境。現在，你走進畫面中，讓過去的你知道：「我是來救你的。」然後**如實執行**，像是**把霸凌者推開、對你媽媽說她很刻薄、放一個墊子以防過去的你跌倒**。解決那個問題後，請握住過去的你的手，將他們帶回到當前的時間，讓他知道他們很安全，而且你們會永遠在一起。

◐ 融入與歸屬

融入

想像一個拼圖遊戲。每一塊拼圖的尺寸和形狀大致相同，只有細微的差別。而拼圖的顏色和圖案必須非常精準，如此才能拼湊成一幅圖像。

只有正確和完美的拼圖才能融入其設計的圖框，必須把所有拼圖組合在一起，鎖在固定的位置，才能得到一幅完整、完全、統一的圖畫。

歸屬

當想到歸屬感時，我腦中浮現的是農場生態系統。農場有一大片土壤，而岩石、礦物質、蟲子和水分布在土壤間。當種子被埋入土壤中，就能藉由雨水和空氣促使其爆裂並往上生長。而陽光孕育著種子的力量，鼓勵它們嘗試破土生活。農民管理土壤和種植過程，照料植物並促進最好的生長成果。你會看見這塊土地周圍環繞著其他滿是樹木和作物的土地，不僅與農場相連，也與整個自然界相連。鳥兒飛過頭頂，落下牠們獨特的肥料；蜜蜂採集花粉傳播至周圍土地，使農作物蓬勃發展。

在這幅情景下，幾乎沒有任何角色是完全相似的。農民看起來不像土壤；土壤中蘊含的礦物質跟太陽不同；種子的

功能也完全不像雨水；鳥兒和蜜蜂扮演的角色和能力大相逕庭。但這幅畫是由上千個部分組成，而且十分和諧地組合在一起，才能讓植物最終成長茁壯為食物。

每個角色都以真正的本質，演奏出一場自然的交響樂，而每個人絕對都能獲益。每個角色都從完成其獨特的目標中得到好處，同時為更大的整體服務。

他們歸屬於彼此，歸屬於生活，生活也歸屬於他們。

你能想像這樣的世界嗎？你能預示這樣的時代嗎？每個獨特的靈魂出生在一個家庭和社區，沒有被迫服從或需迎合他人的壓力。

這些小小生命可以了解他們內心羅盤的聲音，探索周遭環境提供的一切。每個人都有自己的靈魂，就像種子一樣，裡面蘊含著生命力，正在尋求成長為本來的樣貌。

如果能創造一個這樣的世界，我絕對相信如此一來，每個人都能體驗到前所未有的歸屬感。這是我們在這個大型交響樂團中擁有的專職角色之間的聯繫，該角色是專為我們量身打造的。

因此，我們和諧、和平、友愛和歡樂的集體之歌將會成長茁壯，**同時推動每個個體和整體的進步**。我們會一起譜寫出怎樣的旋律啊！

好消息是，我們不必等每個人加入。事實上，我們必須先打頭陣，這就是從邊緣到先驅者的旅程，必須從現在開始，

走到前頭為他人指路。

　　我們必須允許自己擺脫過去的束縛，傾聽內心甜美樂音的召喚，引誘我們走向目標，迎向我們的快樂。

　　我們做的事能幫助每個人，從而造福世界。

M2T
日誌時間

1. 寫下一段你曾經無法完全融入，但卻依然在其中找到歸屬感的時期。

2. 請創建一個生態系統，並定義你在其中的角色。這會是怎樣的環境？你如何貢獻自己的力量？周遭每個人都扮演屬於自己完美的角色，你如何從他們的貢獻中獲益？

08
還有更多能去愛

「命運眷顧勇者。」
——拉丁諺語

　　我活到二十幾歲時就已經覺得受夠了。我看過太多的電影，裡面只要出現過胖角色時，我一時的開心瞬間就會被憤怒所取代。這些演員被塑造成扮演邊邊、悲傷的壁花配角，而通常這些大尺碼角色都是漂亮主角的死黨，他們會哀怨地抱怨為什麼沒人願意跟他們交往，只因為他們很胖。

　　哼，這種刻板印象荒謬至極！這些好萊塢電影所要傳達的訊息很明確：「沒有人想要你們這些醜八怪，感謝那些長得跟你很像的人能出現在銀幕上吧。」

　　不過，那並不是我或我其他身材豐腴朋友的現實生活。我們絕對會跟別人約會，有男朋友，也有性生活。我們不會在週六晚上坐在家裡，摀著臉啜泣：「噢，我真是太悲慘了。」我們每個人在工作上都活力四射、充滿魅力，當然私人生活也是。到底是誰在那邊一派胡言？為什麼像我們這樣的人要被冠上這種刻板印象？

　　而當時還處於起步階段的大尺碼時尚產業，也好不到哪兒去。我和我一個身材窈窕的朋友，萊絲莉，拿到了紐約一場大型時裝秀的門票。我們對此感到很興奮：聚光燈打在伸展臺上，兩側放置了一排排的椅子。

　　我們看過很多次這樣的畫面，而現在我們會坐在那些座位上，為跟我們長得很像的模特兒喝采！

　　當然，後半段說得其實不對。因為那些模特兒都很高，所有模特兒都一樣。還有他們根本不是大尺碼。當然比起幫

明星設計師走秀、身穿 XS 號的模特兒，這些模特兒的身形相較豐腴，但絕對沒有人大於平均尺碼 XL 號。事實上，那根本不算大尺碼。如果你走在街上路過這群人，絕對不會認為他們身形魁梧、很重、過重，或是胖。我們感到非常挫敗。

不久後，我聽說有個滑稽歌舞雜劇的試鏡要找尋大尺碼演員。我寄了封電子郵件給編劇，表示如果沒有任何裸體的鏡頭，我很願意去試鏡。她回覆他們正在找會跳舞、有創意，能夠表達性感並非粗俗的女性。我告訴她：「我就是妳要找的人！」

經過表演試鏡歌曲異教樂團（The Cult）的〈火之女〉（Fire Woman）後，我得到三個令人垂涎的獨唱機會之一，並採用我跳舞時的藝名：紅寶石惠普斯（Ruby Whips）。我想夾雜一些性感和搞笑的元素，類似變裝皇后的藝名。爭取這個表演機會的一部分是為了傳達訊息。畢竟，這個創舉以前從未實現過。我們被要求進去紐約夜店尋找潛在客戶，我很樂意這麼做，這最終為我帶來一個始料未及的機會。

艦隊週（Fleet Week）[1] 期間，我在市中心的一家夜店跳舞，灌了約四小杯龍舌蘭，在去廁所的路上，有兩個人走近我，他們表示有一部獨立電影在找女演員。細節我記不清了，

1　編註：艦隊週（Fleet Week）是美國每年例行的慶祝活動，通常在五月下旬的星期三至星期一之間舉行，目的為表彰美國海軍、海軍陸戰隊和海岸警衛隊的艦艇和人員，以及讓市民了解這些軍事機構的工作。

但我記得，作為永遠的專業人士，我把我紅得透亮、寫著紅寶石惠普斯的名片遞給他們。那人在名片背面寫了些字，然後遞還給我，這實在不是你給別人聯絡資訊時，他們會做的事。我很快回過頭繼續跳舞到深夜，沒再多想。

隔天早上，我醒來時宿醉得厲害。我口乾舌燥，頭暈得不得了，不得不扶著浴室洗臉盆才能站直身體。我平時不太喝酒，不知道怎麼迅速讓自己舒服一點。我抓起錢包，尋找止痛藥，卻撈到了自己的名片，背面寫著一個名字、飯店名稱和電話號碼。我這才想起前一天晚上的簡短交流，但這份記憶十分模糊。

當我拿起電話撥通時，直覺終於開始發揮作用，我說出那個名字後，電話很快接通飯店房間。我不知道為什麼要打那通電話，也不知道該說什麼。一個語速很快的英國男人接了電話，我結結巴巴地說：「呃，嗨，我昨晚見過你，然後，你說要我打給你，對吧？」

「噢，對，很高興接到妳的電話！」他說，接著便念出飯店名稱和地址。我頓時意識到他要我回市區跟他們見面。現在我大概睡了五個小時，如果昏厥也算是睡覺的話，但我很確定這兩者不能相提並論。我還是想辦法洗了個澡，套上一條絲絨豹紋褲和黑色 T 恤，接著開車去曼哈頓。

我記得開到林肯隧道時沒什麼車，我便直接穿過隧道，停在一家裝潢十分別緻的飯店前。我那時候才意識到不管我

是來幹嘛的，這可能都真的很不得了。

　　導演保羅・林區（Paul Lynch）邀請我去到他房間，他把幾頁電影劇本塞給我：「到大廳準備好後再回來。」此刻我依然宿醉得厲害，不得不抬著頭，癱在大廳寬敞的扶手椅上。劇本的內容是兩個女性朋友間的對話，我讀完後心想，**我又不是演員！這輩子根本沒演過戲！**我甚至不知道我試的是哪個角色！

　　大約五分鐘後，我想：「我**絕對**不可能演電影。我就隨便演演，把整件事做個結束，這樣我就可以跟別人說我曾經試鏡電影的精采故事。」（你看，現在我就在做這種事！）

　　當我回到房間時，保羅和他的助手讓我演完整段臺詞，而我的表現糟糕透頂。但他們沒有把我趕出去，而是讓我在那裡又待了兩個小時，並解釋這部電影的內容。電影名稱叫《更多去愛》（*More to Love*），講述一位體重過重的女性擺脫她平凡的生活，交了一位朋友，且為她樹立榜樣（這就是我的角色），並找到愛情。他們架起攝影機採訪我，問我作為一個大尺碼女孩的經歷，以及我怎麼看電影和電視呈現出來像我這般女性的形象。

　　這麼多年來，我對電視螢幕的大肆批評首次派上了用場，我的觀點終於得到了他人認同。這個人是一位電影導演，想知道**我**真正的想法。保羅有禮貌、好奇、敏感且善良，我發現自己很容易向他敞開心扉分享我的經歷。他誠摯地想知道

一個大尺碼女孩的生活是什麼樣的。他隨口提及女主角的愛人，將由我很喜歡的演員的麥克斯韋·考爾菲爾德（Maxwell Caulfield）飾演，他就像在電影《油脂小子》（*Grease 2*）中宛如詹姆斯·狄恩（James Dean）二次降臨般深得我心。

當我倒抽一口氣時，他問：「噢，你聽過他？」整個展開非常超現實，就好像我醒來時身處另一個平行宇宙。參加電影試鏡？為劇本提出意見？接受導演採訪？然後帥到爆的麥克斯韋·考爾菲爾德也有參演？麥克斯韋·考爾菲爾德耶，哇塞。這到底是怎麼回事？

我可能是偶然才碰到這個機會的，但我離開時卻是昂首闊步。我從未想過自己能爭取到這個角色，我本來希望能被邀請作為電影顧問，這樣就可以讓我的經驗和觀點創造一個位置。

後來製片人打給我，通知我得到了那個角色！我震驚不已，我根本不知道怎麼演戲！還有已經從事一年多的社會服務工作怎麼辦？我參與的一項全州倡議也正準備推動。我要怎麼空出時間？不幸的是，我老闆竟還同意我去拍電影。之所以說「不幸」，是因為我希望她拒絕，這樣我就有完美的藉口說：「抱歉，我沒辦法。」

我把這件事告訴我的摯友烏拉娜：「我做不到，我就是有種不好的預感。」事實證明，所謂「不好的預感」不是預感，而是焦慮。烏拉娜說：「妳得試試看，妳必須去。」我嚇壞

了，而且我身無分文。最後我把一直珍藏的一百二十枚蘇珊‧安東尼一美元硬幣全換成鈔票，隨即跳上火車，前往加拿大。

當我抵達片場時，即刻被帶到製作人辦公室。中間有一塊巨大木頭釘在牆上，並且用遮蔽膠帶貼成好幾排方格。每個方格裡都貼有演員的頭像，上方則寫上其飾演角色的名字。女主角露易絲旁的方格標示著芙蘭，也就是我的角色，還有一個很大的空白。因為我不是演員，沒有大頭照。而且我到底在那裡幹嘛？

這是我在生活中很多情況都會回想起的時刻，其中有個很不尋常的地方，而那就是我！

後來一位臨時演員朝我走來，她刻意告訴我，她也試了我的角色，然後很驚訝製作方選擇一個「名不見經傳」的人。名不見經傳？我還不存在咧！

然後我們甚至還沒重新介紹彼此，就看到導演對一位主要演員大吼。我心想：「慘了，我到底進到怎樣的地方了。」我不覺得有人喜歡被大吼，而對於像我這樣高敏感的人來說，這簡直就是災難。

就這樣，不到一個小時，我就病倒了。發高燒、鼻塞、眼睛浮腫，完全不是人們期待在電影初次上場前看起來的模樣。即使在那個時候，在我成為治療師的前幾年，我也知道自己的身體容易受到情緒影響。我曾相信自己不屬於那裡。我的身體讓那些職掌大權的人很容易認同我的觀點，這幾乎

像是一種解脫。我還沒有出現在鏡頭前，他們大可以解僱我，我就可以回到正常的生活，而不是一邊拍電影，一邊學習怎麼表演。

但我沒有那麼容易脫身。

他們給我吃了感冒藥和水果。那位影星的私人助理基本上沒什麼事好做，就被派來照顧我。每當我轉過頭，她手裡隨時都拿著水、紫錐菊和維生素 C。

然後詭異的事情發生了。我最初拍的幾個場景，讓導演十分滿意。他沒有對我大吼大叫，沒有謾罵。他喜歡我的演出，簡直不敢相信！這件事讓我內心產生一種勇敢的認知。**我有資格待在那裡**。畢竟，他們試鏡了數百人，**最後選定了我**，一個他們在夜店裡發現喝得醉醺醺的跳舞女郎，這肯定有其原由存在。而不到一天，我便完全康復。

後來，當另一位演員暗示我「沒有繳清學費」時，我回答道：「或許我在演技方面尚有欠缺，但我確信自己為生活付出的諸多代價足以彌補它。」**如果有人值得一個機會，那就是我**。就這樣了，欺負和閒言閒語到此為止，剩下的經歷是我人生的亮點。導演鼓勵我即興創作臺詞，而我的一些現實經歷也對完成的電影帶來影響。我受到尊重和重視，而且身為電影迷的我，不僅體驗了完整的電影製作過程，甚至還能在片場與自己喜歡的電影明星閒聊。

後來，這部電影受邀去某個電影節參展，並在電視上短

暫播出，而本人也因此真的獲得十五分鐘的成名時間，當時答應的勇氣也在之後的幾年內得到不可思議的回報。

　　從此次經驗中，我學到了很多，下面會著重介紹。

◎ 注意感到厭倦的時候

　　厭倦了別人苛待你或說你閒話；厭倦了不公平；厭倦了一段關係或工作。這樣的感受是在提醒你，讓你知道**是時候展現真正的自己了**。是時候對行不通的方法說不，才能放開地接受真正適合自己的事物。鼓起勇氣等待你的將是突破。

> 「不用擔心無法融入。別人覺得你很怪的地方，才是真正的你，同時是你最大的優勢。」
> ——布芮琪・約・夏森（Birgitte Hjort Sørensen）

◎ 願意為他人發聲

　　電影有幾幕是在夜店裡跟其他身材豐腴的臨時演員一起拍的。在電影製作中途不可避免地會有休息時間，一些臨時演員分享了這部電影對他們有多重要，他們也厭倦了人們的刻板印象。他們的坦承給了我一個目標，讓我能夠暢所欲言，並且比之前更有自信。為他人發聲能使我們獲得通常沒辦法

獲得的勇氣和力量，並願意為更大的利益著想。

超脫的力量

自從我那次在飯店房間試鏡以來的二十年間，我看過很多演員接受採訪，他們都說自己得到的角色往往是自己最不喜歡、沒想過會勝出的。我通常不是那種「信手拈來」的人，反而更偏向「容易緊張、會過度準備、太努力而把事情搞砸」的類型。試鏡過程中，我完全缺乏經驗，加上宿醉的影響，導致我直接放棄，草草結束試鏡。要記得，我甚至不確定我在做什麼，而且我從未想過自己會雀屏中選。

從那時起我就受到鼓舞，覺得可以用超脫的力量，把美好的人們和機會吸引到我的世界來，現在的我，能以當時不太懂的方式去理解。**假如我內心太執著於某個東西，蘊藏在機會中的能量就無法流動，而且會出現排斥現象，而非吸引。**當我可以用輕鬆的心情面對一切，相信結果會對自己最有益，知道總會有另一個奇蹟到來，我就不必渴求，並且能夠放手，讓它自行流動。

宣告你的位置！

如果你認為自己沒有歸屬感，那肯定會以痛苦的方式反映在你身上。**每個人都值得有自己的去處；這就是他們存在的目的。**局外人很容易去評斷他人的價值，但事實上，你不

會知道一個人完整的故事，就連另一半也一樣。而你對他們的靈魂之旅，以及這個旅程是如何融入整體宇宙知之甚少。

通常我們會批判他人擁有我們所沒有的事物。若說有什麼靈性真理是我希望每個人都能了解，那就是這件事：**我們每個人都足夠好**。當我這麼說的時候，絕對會有人打岔道：「那些飢民怎麼辦？」儘管這個事實並不好聽，但人們挨餓不是因為沒有足夠的食物，地球有足夠的食物供給每個人。

美國生產的食物中有百分之五十都被扔掉了！想想那些外觀不好看的番茄和撞凹的罐頭？最後會跟過期的雞肉一起被扔進垃圾掩埋場。所以不是不夠，而是要如何把食物送到有急需的人手中，這完全另當別論。

也有人會說：「但所有好的都被拿走了。」對此我的回答是：「你也很好，但你還沒有被『領走』。」對於你所有的懷疑，像是：現在有人找到了一份好工作，或尋見自己的命定之人。你其實也可以做到。為了豐盛，我們需要做的就是仰望自然。每個農夫都知道，植物產生的種子比能種植的要多，地球是豐饒的，機會亦比比皆是。請勇敢地在你的家庭、學校、工作場所、興趣社團或社區中宣告自己的位置。

先從內心開始，**肯定自己值得被看見、聽到和重視**。想像自己坐在「掌權者」的那把椅子上，或在媽媽群組還是家長教師聯誼會中**帶領大家**討論。先在心裡練習一下，喚起你成為真正的自己的感覺，然後占據屬於你的位置吧！邁出步

伐，勇敢去做。即使膝蓋在顫抖，即使自己會燃燒起來，也不要放棄。久而久之，事情會變得容易許多，但你不能等到內心毫無波瀾才採取行動。**在你做出積極的改變的同時，完全無所畏懼是不可能的**。現在就宣告你的位置吧！

　　至於那些你認為他們配不上的人？**他們相信自己值得。**他們不在乎自己沒有上大學，也不在乎自己比你晚四年進公司。他們不會在半夜醒來，對自己的運氣好感到愧疚。他們很擅長宣告自己的位置，**彷彿他們生來就該在那裡**。那些被認為配不上的人能作為榜樣，都只是因為尚未觸犯任何不道德、非法和欺詐行為的最後底線。事實上，模仿這些行為，宇宙肯定不會讓你好過，當然也會觸法。你不一定要喜歡他們，事實上，他們可能不是所謂的「好人」。但他們是你需要學習的活生生例子，可以研究他們的動作和言語，讓他們告訴你怎麼做到宣告自己的位置。

◐ 「不好」的預感，可能是焦慮作祟

　　只要有客戶對我說「我只知道如果我做了，就會發生不好的事」，我就確定我們要處理的是焦慮，特別是他們接一句「我不是因為焦慮才這樣想」的情況。預感和直覺指引聽起來並不會讓人感到恐慌，這種情緒基調是中性的。事實上，你的身體會收到直覺的指引，大腦卻沒有受到任何影響。

　　記得在某個陽光明媚的日子，我在公園散步，突然我的

身體被強烈的不安所占據。我當下的心情很好，因此大腦無法理解為什麼我會有這樣的感覺。但我已經學會了停下腳步、傾聽和信任，這種感覺無法錯認。有什麼不對勁，但我不知道是什麼。儘管我還剩兩圈要走，卻還是回到車上離開了。當我驅車回家時，高爾夫球大小般的冰雹突然打在我的引擎蓋上，瞬間便下起傾盆大雨，颳起大風，而我在事態加劇前回到了家。一場無人預料的龍捲風席捲我住的小鎮！翌日，公園裡到處都是倒下的樹木，還有幾棵倒在了我經過的小徑上。那天我的直覺真的是很準！

　　另一方面，**每當我們走出舒適圈時，就很容易引發焦慮。**如果你面臨一個機會或正在追求一個目標，那這種「不好的感覺」就只是希望你不要離開舒適圈。我們必須學會辨識身體焦慮的跡象：胃不舒服、胸悶、額頭和手腳出汗、聳肩以及腿抽搐都是需要注意的典型徵兆。一旦能夠意識到該徵兆，你會更有力量平復身體的焦慮反應，避免錯過對你來說非常好的機會。

　　大多數的邊緣人都會經歷焦慮。畢竟，有時我們會受到攻擊或排斥。為了保障安全，我們的神經系統變得非常緊張且過度活躍，處於高度警惕的狀態，而學習如何冷靜並調節你的神經系統，將成為一項至關重要的生活技能。

快速自我檢測 M2T 表單：四種日常練習幫助你轉變

1. 禱告

你不只是一具軀殼和大腦，而是一個無限的精神和靈魂，你到這裡來是有所目的。透過請求引導或肯定指引、支持以及適時揭露你的使命來與宇宙進行連結。

舉例：

- 親愛的宇宙，請問我到底是誰？今天我該怎麼妥善地履行職責？
- 宇宙，請讓我見識我真實的模樣，並引導我迎向正確的人、地方和經歷，使我的旅程充滿活力。
- 我與全知全能的宇宙合而為一，今天我看到了我美好的真實存在。我被引導到我應有的位置。

2. 愛你的外觀

花時間想想你真正愛的人或事。將這種廣闊的能量輸送到你身體、臉或頭髮各處。愛上自己的皮囊！

3. 處理你的感受

早上起床時花上幾分鐘寫日記。如果白天發生了什麼事，

觸動到你格格不入的傷口，比如冷嘲熱諷，那麼晚上就抽出時間審視這些感受。

不要束縛自己，在日記中面對讓你生氣的人，直到心情放鬆為止（請勿把日記給對方看！這是你的祕密花園）。

找個時間閉上眼睛，感受體內蘊含著不舒服的情緒能量。當你想像在體內各區域呼吸時，請心平氣和地看著這些情緒能量。倘若強度減弱，就代表你允許這些情緒流動。

4. 想像自我提升

閉上眼睛，看見真實的你並熱愛自己的生活，看見支持你、充滿愛和善良的人們擁抱你。當你看到自己實現目標時，感受那股力量。

從這裡開始，你的想像力將隨著時間流逝而改變和蛻變。

,,

「美麗意味著做你自己。你不需要被他人所接受，你只需要接受自己。」

——釋一行禪師（Thích Nhất Hạnh）

,,

09
報復

「不要尋求報復。
反之，你可以讓自己優秀到不行，
令對方懊悔。」
──馬克·曼森（Mark Manson）

我最偉大的成就多半是由復仇驅動的，而這也是我靈性之路上的一部分自白——這句話絕對會是我自傳的標題。

你會被**低估**。

別人會因為這股能量知道你與眾不同，同時也會讓他們相信對你的強烈誤解。也就是你很弱，你沒有才華，不被大家接納，沒有話語權，不被需要。

你將以此來證明他們是錯的。

你會受到阻撓。

那些霸凌、阻礙、背叛者和羞辱你的人通通接二連三地出現，他們並不希望你憑藉自身的力量蒸蒸日上。因為，如果沒有你墊底，他們要怎麼吹噓自己的本事呢？

這時候報復就是你最好的朋友。

誰不曾幻想過祕密的復仇？這源自他人出於某個理由的虐待或無知。可能自敘事（storytelling）興起以來，復仇就是成千上萬個故事的主題。這是人類行為發展的關鍵，可能是你的最大動力。

很多人，特別是靈性人士，會告訴你產生想報復的情緒是錯誤的。這些情緒具有破壞性，不好的魔咒會反彈到你身上，會讓你徒留遺憾和痛苦。對此我的回覆是，只要你採用正確的方式進行，就能避免此事發生。

話先說在前頭，我並非建議你報復性地發送大量色情簡訊或燒毀別人的房子，甚至也不是在暗示你應該散布惡意的

八卦或羞辱傷害你的人。

注意聽我說：不要使用傷害性的報復！我絕不會用任何方式鼓勵任何有害或暴力的行為。這麼做不僅會加劇汙染這個充滿衝突的世界，還會傷害到他人。這些惡意行為不僅會傷到你想傷害的人，同樣還會傷害你自己和毫無戒心的旁觀者，對全球和個人來說都會造成強烈的影響。

下面我會跟各位分享我人生中最可恥的行為之一。

當我十五歲的時候，我父母從紐澤西州的郊區搬到佛羅里達州的坦帕區，而我苦苦掙扎於尋找自己的出路，此時一個意想不到的天使闖入了我的生活，我就叫她珍吧。她留有一頭金髮，美若天仙，還有一雙晶瑩剔透的藍色眼眸，顯然跟我這種怪胎不一樣。我不知道她從哪兒冒出來，也不知道她為什麼要跟我說話。出於懷疑，我一直保持冷淡的態度。但我還是沒能讓她改變主意，她不斷來找我，最終我妥協了。因為這是我最需要的——一個新朋友！

很快地，我們的友誼進展到每天晚上都會講電話，放學也會一起出去玩的地步，當她請我去她舞蹈課演出當助理時，我很開心地答應了。

珍是第一位我這一生中所遇到獨具特質的朋友，他們都是典型的俊男美女、很迷人、充滿魅力且深受喜愛。他們散發出兆瓦級的吸引力，但身邊如果沒有一個聰明而粗魯的跟班，外表也無法與之媲美，就不能完整體現他們的完美。此

處請代入我，這位眾所周知樂於助人的「女僕」，我成為了背後助力，協助那位非常美麗動人的「公主」。

由此，我也獲得了一些無形的好處。**這是一種接近權力，卻從未真正掌握的自我安慰方式。**只要我不相信自己的美麗和超凡魅力，權力就會投射到這群朋友身上。跟他們在一起，只要我做好「最佳女配角」的本分，不要試圖成為「主角」，我就會被需要和重視。換句話說，只要我**待**在我該待的位置，我就會**占有**一席之地。作為一個邊緣人，或者說成為影子對我來說很自在。畢竟，大家都說我是不被接納的。一旦這種觀念根深蒂固，不需要別人將我放到金字塔底層，我自己就先自行歸類了。

正如珍莫名其妙地跟我做朋友一樣，我在沒有任何跡象或預警的情況下被無情地拋棄了。一天，我在學校走廊靠近她，她卻冷淡且疏離地拒絕了我。珍突然不回我電話，並用一些藉口搪塞，直到我終於知道為什麼：我被拋棄了。我深感不解並全面地崩潰。當時我並未意識到，她戳到了我被拒絕的致命痛處。

我努力回想我們相處的所有的記憶，是我說錯話，還是做錯什麼事嗎？是不是那些欺負我的人找上她，讓她相信我是個怪胎？她為什麼要這樣？我毫無頭緒。沒過多久，我的傷痛就變成盲目的憤怒。

幸好我同時也結識了一些交情穩定、心胸寬廣的朋友。

他們都是龐克搖滾真誠的崇拜者，既獨特又迷人。換句話說，跟我同一國！還記得我先前提過的朋友史蒂芬妮、麥可、克里斯和盧嗎？由於我堅持不懈地四處尋找同伴，現在我們已經建立起很好的關係。

後來，我總是像老鷹一樣地巡視走廊，尋找哪怕只是有點格格不入的人。你背心別的是「The Cure」的徽章嗎？你手上的那個是老式水鑽手鍊嗎？回想起當時我不自然地說出「嘿，跟我們一起吧，人多不會被欺負，我們這兒很安全，你會交到新的朋友，我們都很善解人意」，我仍感到難為情。儘管當時的我意志堅定，卻不是每個人都願意接受我的邀請——但史蒂芬妮接受了。

這很有趣，因為史蒂芬妮跟珍同樣有一頭金髮，面容姣好，渾身散發魅力和神祕獨特的吸引力。與此同時，她那時候（現在也是）為人真誠、腳踏實地、值得信賴、非常善良、慷慨和忠誠。她的聰明才智讓人覺得跟她聊天很好玩，我跟珍就沒辦法像這樣聊天。現在回想起來，這幕依然能清晰地如在眼前發生。神奇的是，我內心的空洞被這一位更好的朋友填補，即使幾十年過去了，我仍非常愛她。

照理來說，那樣應該就夠撫平我內心的傷痛了，但事實並非如此。當時，我看不見宇宙在我生活中扮演的角色。我反覆思考，還是無法擺脫珍對我做的事。這不公平！她太惡毒了！我會讓她付出代價！

　　我比照競選辦公室的模式，找了一票和我志同道合的朋友，並提供有力的證據證明我覺得珍就是故意的。我的這幾個朋友也和她有過一點小摩擦，所以這不是什麼難事。我認定她為敵人，並希望大家能站在我這邊。她很糟糕，這件事必須公布於眾。我在憤怒的驅使下，做了件可怕的事。

　　我和一個朋友在逛街時，偶然看見一張賀卡。封面寫著：「有像你這樣的朋友……」裡面則寫道：「……誰還需要敵人」，一旁的插畫是一個人從背後被捅刀子。我們買下那張卡片，然後我的幾個朋友在卡片裡寫了很難聽的話給珍。我內心充滿焦躁不安，卻把這股焦慮誤以為是正常的興奮之情。

　　我不記得我們是怎麼把這張卡片交給珍的，但我的確聽說這張卡片讓她心情大受影響。但在我得知她的反應之前，就已經因為深深的內疚而痛苦不堪。天哪，我做了什麼？儘管有一瞬間我試圖說服自己是她活該，所以要受到懲罰，難道這不是對**她**所做之事的報應嗎？難道這不是她自己造成的嗎？我拚命地辯解。首先對自己，然後是其他人。

　　但我知道，我變成了自己最討厭的那種人，我成了霸凌者。現在我才是那個惡毒的人。錯就是錯了，我覺得自己好討人厭。我理應獲得的、那顆復仇和看對方獲得報應後的甜美果實無處可尋，反倒感覺自己比以前更面目可憎，因為現在我知道自己有顆醜陋的心。無論我認為復仇會帶給我怎樣的力量或寬慰，都只是加深我的傷口。

　　或許我不太喜歡她對待我的方式，但現在我也不怎麼喜歡自己了，復仇並未修復或療癒一切。

　　我試圖把這件事拋諸腦後，但心裡充滿了神經質的不安感，每到三更半夜，這個我永遠補救不了的無恥行徑，總讓我難以入睡。當你翩翩行走於世，並具有高敏人的深度處理特質，總是以你希望別人對待你的方式對待他人，對所有苦難保持強烈的慈悲時，罪惡感的本質就是一種陌生且雜亂的體驗。

　　我不知道該怎麼辦。焦慮、憤怒、憂鬱縈繞我心，當時這些感受於我都不陌生，而我也盡其所能地處理這些情緒。但這個呢？！不知道惡毒怎麼有辦法以任何形式存在。怎麼會有人這麼沒有良心？他們是怎麼做到不斷地傷害別人？他們要怎麼面對自己？很顯然我不是個會欺負別人的人。

　　這件事對我來說是個很強烈的教訓，我很慶幸自己年紀輕輕就學到這一課。人的一生中總會碰到對你不好的人，特別是在你無法融入團體的時候。而這種被虐待的經歷，自然而然就會滋生想報復的念頭。但**報復不會讓你覺得好過，只會帶來更糟的感受。供給這種能量會產生漣漪效應，投射到宇宙，對意想不到的人和情況造成嚴重破壞，包括你自己。**

　　有句話清楚地說明了復仇這股能量的本質：「踏上復仇之路前，先挖兩個墳墓。」無論你供給何種情緒，都會周而復始。而誤判的痛苦導致報復性暴力的例子不勝枚舉，比如

校園發生可怕的大規模槍擊事件。我知道，我並不想給這個早已失衡的世界帶來痛苦、創傷和憤怒；我從來也不想因為自己受傷而去傷害別人。我是來提供協助，不是傷害；我是來愛人，而非拒絕；我是來幫助世界恢復平衡，並非打破平衡。對你而言也是如此。

所以這給我留下一個相當大的難題。我天生就有想報復的衝動，這股衝動幾乎存在於我的物種天性中。也許是因為我有一半義大利血統，對我的血統而言，報復是一種基因本能，儘管大部分義大利人並沒有這種觀念，但我仍將這件事部分歸咎於我的血統。那屬於原始和天生的部分；然後是許多受到創傷和霸凌的經歷，那是後天培育的部分。伴隨著復仇衝動，這還使我具備一種不穩定傾向，偶爾仍會吸引他人向我做出最惡劣的行為，壓抑自我創意的人經常如此。

看看茉莉亞‧卡麥隆（Julia Cameron）的經典著作《創作，是心靈療癒的旅程》（The Artist's Way）中對瘋狂創作家的描述就可略知一二。你可以在網路上找到相關敘述，但我強烈建議你閱讀這本書，並按照她概述的計畫去做。你可能會認可你有個讓人討厭的老闆，或是行事誇張、只顧自己的朋友。

瘋狂創作家特質會潛意識刺激你表達自己的創作衝動。老實說，一旦你體現自己的創意，你就會吸引因而感受到威脅的人。事情沒必要如此發展，但往往是這樣。我甚至說不出口我有多難過。

　　與其讓自己成為盟友、變得樂於助人，或只是現實生活一個願意分享自己獨特天賦的人，不如成為敵人，即使你根本不曾傷害過他人。如果人們對待你的方式讓你感到沮喪，自然而然就可能幻想報復的情況。

　　一個理智、善良、有道德的人會怎麼做？

　　這讓我想到另一個關於復仇的名言：「**好好活著就是最大的報復。**」這句振奮人心的話出自十七世紀的詩人喬治·赫伯特（George Herbert）。

　　我可以遵循**這個**理念。而我的確這麼做了，到現在都不曾改變。

　　每當我的善良真誠遭到背叛；每當流言蜚語傳進我耳裡；每當他人違背承諾卻打死不承認或道歉；還有當有人把我的心血占為己用，並未讚許我的功勞，甚至不曾問過我或提及我的名字，我都是這麼做的。上述例子在我們生活的這個時代層出不窮。這些情況可以成為我最強大的動力。

　　絕不要小看「我會給他們瞧瞧！」的力量。

　　扭轉局勢吧！當你想到那些經常霸凌、欺壓別人和渴望權力的嗜血獸人朝你撲來時，請**將他們的行為視為對你成長的邀請，**為自己挺身而出，推動自己前進，探索更多自己的潛能，給自己一個驚喜，接受新的成長優勢並提升自己。

　　我將分享我遇到的一些例子。

　　經過六年的全職工作，同時兼職治療師後，我在幾年前

成為一名獨立開業的新進治療師。能為自己工作並拓展業務著實讓我立刻鬆了口氣。現在我可以將一生奉獻給我的靈魂與生俱來的使命了，但同時我也感到害怕！因為我職業生涯的成敗全憑自己，我的適應能力遇到了挑戰。現在診所的所有收入完全源於自己，沒有任何保障機制：沒有多餘的積蓄，沒有斜槓或副業，沒有其他收入來源。

我對自己作為治療師的能力信心滿滿，我在非營利組織工作期間，累積了十五年的傳統諮詢經驗和業務技能。幾十年來，我花了上千個小時上課、學習和磨練我的專業技能，而與我合作過的客戶顯然獲益匪淺，我知道這是我的專長，我對工作的奉獻和所有練習都得到了回報。

但這些經驗足以讓我自立開業，成為全職治療師嗎？我能賺到跟現在一樣，甚至更多的錢嗎？就算我是有能力的治療師，也不代表我有辦法成功創業。如果你曾經環顧周遭那些經商失敗的例子，很快就會將其推翻。而你一旦懷疑自己，就會發現更多失敗的案例！有這麼多理由讓我去找另一份工作，領穩定的薪水。大家走過的路，會讓生活變得更輕鬆，但不是我真正想要的富足生活。我賭上一切，迫切需要支持、鼓勵和引導。

在這種脆弱的狀態下，我仍因為上一份工作被解僱感到苦惱。當我出城參加一場大型演講和教學時，我內心正承受著極大的壓力。我有辦法展露自我嗎？我能因此帶來更高知

名度和更多客戶嗎？我能賺到至少足以支付旅費的錢嗎？每晚我都因為焦慮而輾轉難眠。

我像個迷路的小女孩般抵達市區參加活動，渴望受到大家喜愛和接納，同時戴上了樂觀自信的面具。我很榮幸能被邀請跟我不熟悉的同事一起參加一些社交活動，也很高興能被含括在內──所有參與的專業人士在該領域的經驗和知名度都比我豐富，我一直都很敬佩，也在追求這些人所實踐的成功。這是我了解他們的機會，甚至可能可以進行採訪，聽聽他們成功的故事。我想知道他們是如何拓展自己的事業，他們成功的祕訣是什麼，然後作為全職治療師是什麼感覺。

但由於過於緊張，加上覺得自己像個局外人，我變得安靜無比，沒有說太多話，只是努力了解每個人並跟上話題。畢竟，他們彼此熟悉，而我一個都不認識。當我終於開口時，卻不斷發表一些愚蠢的言論，它們就像瀑布一樣從我嘴裡傾瀉而出。我下錯了棋，我那還算像樣的聰明和幽默都到哪裡去了？我的大腦明顯一片空白，讓我舌頭打結，結結巴巴，感到難堪。我努力過了頭，卻徹底失敗。

這就是我在當時所扮演的角色。然後則是在場人士的反應，其中幾個人的冷淡和拒絕讓我非常震驚，他們說了很刻薄的話並面露嫌惡。即使我受邀參加那次活動，但還是被視為不受歡迎的存在，我被當作了外來者、沒用的傢伙。這感覺既不妙，也完全不是我的想像，種種跡象顯示，儘管我一

開始是他們中的一份子，現在卻被狠狠地排擠，顯然我沒有達到他們的標準。其中一人甚至在其他人面前羞辱我，而且我看得出來其他人感到慌亂和不知所措，並為我感到丟臉和尷尬，這一切來得讓我猝不及防。

我曾經是如此脆弱，毫無自信，非常需要 —— 我就直說了 —— 這群邊緣人的認同。各類型的治療師輕則遭到誤解，重則被人嘲笑。我們難道不該**幫助**那些容易焦慮、曾被欺凌的人，協助他們創業，並放下別人對他們的看法，成為真正的自己嗎？我本來希望能受到親切的歡迎，卻反而受盡屈辱並徹底崩潰；我本來期望和祈禱會很順利的活動，結果卻糟到不行。為什麼，宇宙，這到底為什麼？？？

我在飯店房間裡哭了很長時間，直到臉色泛紅，眼睛浮腫，看起來就像被揍了好幾拳似的。

就在那時，熟悉的報復念頭再次浮現，將我從悲哀的深淵拉了出來，頓時給我十分需要的當頭棒喝。

但這次跟我年輕時莽撞、失控、滿腔怒火的報復大相逕庭。相信你也見識過在大庭廣眾之下的洩憤，你可能看過車門被噴上渣男或渣女的傑作；在 Podcast 或社交媒體上聽到別人講述自己慘遭背叛的故事，而且指名道姓；或看過 Yelp 網站上的一篇評論，砲火十分猛烈，但可能沒有分享太多真實訊息證明她說的屬實。

這完全不一樣。我想的並不是過去的那種復仇。太嚇人

了！首先，**這次的復仇並不會大吼大叫，你永遠不會因為面臨失控而產生爽快感，你會表現得沉著冷靜，而且精於算計。**沒過多久，這股報復的力量就會把我內心那個嗚咽的小女孩推到一旁，完全主宰我的身體。「媽的，」它說，「**我們會做得比他們想的更好。他們小瞧了妳，這會給妳力量。反正被小看也不是什麼新鮮事。現在是時候向他們展示真實的妳了。**」就這樣。

復仇拉了我一把，讓我把臉和淚水擦乾。然後畫上那支顏色最黑、最深，也最顯銳利的眼線，在唇上塗上最紅的那支口紅。然後對著我的眉毛說：「噢、對，還有你們，最好也給我好好表現一下。」這是我的決戰妝容，目的在傳達一件事。那就是：「你猜怎麼著？現在我是老大。」

我拿出我的演講筆記，從頭到尾翻了個遍，每當有新想法湧入我的腦海時，都被我牢牢捕捉。我放棄原有的演講詞，決定說我真正想說的。原先任何想被喜歡和接納的需求都消失了，消失得一乾二淨。我對自己說：「破釜沉舟。」也就是說，我已經沒有退路了。

這種自由，無須受到他人認可，並且能按照你的選擇進行，就像一種獨特的脫離自我狀態！而且我要感謝我的「好朋友們」。我的靈魂和宇宙提升我的能階（Energy Level），使靈感一個個不斷湧現，為我打氣！我心想我終究沒有被拋棄，重要的人事物仍與我同在，談論怎麼幫我扭轉局勢！

當輪到我發言時，我自信而優雅地站在講臺上，以絕對的權威和真正的力量侃侃而談，不出幾秒鐘，我就知道觀眾都已被我吸引，全神貫注聆聽我說的每一個字。他們不是裝的，也不是職業觀眾，也沒有那種實境秀的虛張聲勢。我表現出真正的本質，同時具有知識性、娛樂性、啟發性，能夠觸動人心且非常有趣！

演講過程十分令人陶醉，我突然明白為什麼單口喜劇演員會熱衷於他們在做的事。我很快就知道我和臺下觀眾已經愛上彼此。我們形成一體，都熱切參與其中。如果我每次完成一次演講，都真的把麥克風扔出去的話，那我到今天都仍需要支付更換麥克風的費用呢。

最後，我的演講在熱烈的反響和歡呼聲中結束了。是的，我做到了！

最奇怪的事發生在我大獲全勝下臺時，我的目光不自覺地落在那個讓我最受傷的人身上。出乎意料的是，我對他們只有純粹的、充滿愛的感覺，無論是怨恨或憤怒，甚至連同我的批判都一起完全消失了。我愛身處那個房間裡的每個人，包括他們。他們或許排擠我，但我的愛如此寬廣，也將他們囊括其中。**我的愛就是這麼慷慨，就是這麼包容**。我的力量和宇宙的能量相遇，它是如此巨大，如此包羅萬象，如此凝聚，為所有人提供空間，而這很符合我的預期。

那天，他們幫助我把最好及最真實的自己帶到臺上。**他**

們幫助我拋開取悅別人的想法。反正也沒什麼用！這些人最終成為我成功中不可或缺的一部分。我內心受到了衝擊！他們的惡行惡狀並未阻礙或削弱我的力量。為什麼呢？**因為我沒有屈服**。他們讓我提昇了自己！在幾個小時前，我待在床上哭的時候，從未想過會有這種可能性。但報復的力量讓我知道，我需要深入探索並挖掘自己的神聖力量，讓他們瞧瞧我的能耐。我讓報復的力量帶我飛向自己所不知道的更遠處。

　　隨後，報復的力量慢慢收斂，重新回到我內心深處，因為做了件好事而笑容滿面。當我需要往前邁進時，這股力量總是摩拳擦掌，準備再度大顯身手。

　　請注意，雖然不能百分百確定，但假使我在情緒上有足夠的安全感，讓我可以在同事面前坦然自在，那情況可能從開始就會有所不同。**笨拙且拚命地取悅別人的行為一直都很惹人厭**，當你在場的時候，會讓別人覺得不快。畢竟，真實的我其實很風趣、很有意思，也很細心。一般說來，我是個健談的人，因為我很喜歡詢問人們關於他們自己、他們的看法和世界觀。

　　我的治療方法首先是要找出讓患者感到不舒服的原因，再揭開是什麼讓他們陷入掙扎，從而來找我尋求幫助。性質可能有點像是偵探吧。人們往往喜歡那些真心對他們表現出興趣的人，而至今我還未遇過真正無趣的人。

　　當時由於我自己沒有安全感，同事們都排斥我，錯過真

正的我，反過來說，我也失去了認識他們的機會。要是我能感到安全、更有自信就好了，或許我會受到更友善和尊重的對待。但事實是，我沒有安全感，且對自己的職業生涯感到焦慮不安，在那種情況下，我沒有自信能做好自己，而且跟他們待在一起也讓我感到心慌。

願你我都能顯化讓我們感到安全的人們。

至於這個故事有什麼啟示？那就是接受懷疑你、討厭你、傷害你和背叛你的人，讓他們激勵你。

創造你最幸福、健康、成功、獨特和美麗的生活吧。把注意力從他們本身、他們的批評和令人反感的行為上移開。如果他們真的愛自己和生活的話，就不會做出那種事。俗話說得好：「**受傷的人會傷人，有愛的人會愛人。**」包括他們自己。透過愛自己活出最好的人生，成為自愛的榜樣，然後是下一段，永不止步。因為生活不會一成不變，你也是。

然後你或許就能找到**原諒他們的動機**。對他們肯定經歷過什麼才會變得如此惡毒表示同情，想想你覺得的傷人，可能只是他們不懂人情世故，也許我們都曾透過自身局限的眼光去審視每一次經歷。

以更廣泛的角度看待事物，接受更開明的觀點，慷慨地分享你的寬容，事實上，這種事並非不可能。畢竟，**當你滿足需求並實現目標，並且得到自己一直渴望的愛和接納後，給予寬恕和憐憫就很容易了。**

┃ M2T
┃ 日誌時間

1. 寫下你曾受過傷或遭到背叛的經歷。對方是誰？事情經過為何？你感覺如何，又是怎麼面對這件事？

2. 現在你將重寫整個情境。使用跟問題 1 同樣的場景，以及同樣的當事者，重寫最後一部分。調動你強烈的報復力量，寫下你當時希望的感受和自己的反應會是如何。

3. 為你的報復力量描繪一個形象。他們的外表、聲音和穿著？例如：身高一百九十幾公分，擁有愛黛兒的臉，穿著檸檬黃色的亮片連身衣，用洪亮的聲音發號施令：「走吧！」發揮你的想像力，享受其中的樂趣。

快速自我檢測 M2T 表單：三種膽量練習

勇氣是一種需要練習和加強的特質，就跟訓練肌肉一樣。下述練習可以幫助你面對恐懼。

經過練習，你會意識到這麼做並不會讓你自我燃燒。請嘗試以下練習到感到輕鬆為止。

穿上奇裝異服

用彩色膠帶將自己包裹起來，或將一隻塑膠仿真小鳥別在頭髮上，並在一邊的臉上塗抹顏料。不，這不是萬聖節！你可以跟平常一樣生活，表現得彷彿一切如常，像是根本不知道自己有哪裡不對勁。

盡量擺出一副撲克臉，別去管別人的目光或評論。之後，跟一位朋友分享這個趣事，或請一位朋友尾隨在後，記錄旁人的反應！

公開演講

報名參加脫口秀的開放麥克風（Open mic）之夜。不管你是否為作家或音樂家，或上臺念出你的購物清單也行！也可以自願在會議上發言並即興發揮；主動提供在本地開班授課的機會；組建一個互助團體。

總之，請找個地方站到大眾面前講話。

實話實說

　　擁有討厭習慣的朋友、偏袒男員工的主管、母親對你戀愛生活的冷嘲熱諷等，為了與他人建立健康的關係，我們需要誠實以對。但出於恐懼，我們往往把那些忠言吞回去。

　　首先要處理好自己的感受，如此一來，才能使你圓滑處事，然後練習友善、健康的對話。

10
不要把「什麼」和
「誰」混淆

「既然你生來就是為了脫穎而出，為什麼要融入其中。」
——蘇斯博士（Dr. Seuss）

　　我曾經有多次這樣的經歷，可能你也有過。我很欽佩一些人，他們通常是公眾人物，而且我並不曾和他們直接接觸。我最欣賞的往往是他們的創意天賦，以及其為世界做出的貢獻。可能是一幅畫、一首歌或一部電影；也許他們出版了一本書、創辦了一家公司或製作了一部戲劇。無論他們給予這個世界什麼，都讓我感動、印象深刻、欣喜若狂，甚至能激勵我拿起筆來創作想創造的東西！

　　我們都有自己的偶像。正是這一點讓我感到困惑。我把「什麼」（作品）和「誰」（創造者）混淆在一起，而我也因此踏進一個注定會失望的危險領域。

　　「別去認識你的英雄」這句老話在這裡就很恰當，我們之中沒有人能超脫於人性體驗之外，人人都有缺點，都會遇到考驗。當然，世界上似乎存在完美的人，畢竟有很多人投入大量時間、精力和金錢讓自己趨於完美。但只要靈魂尚存，就必定會穿梭在混亂的人性體驗中。

　　人體擁有生理限制、情感和自我，對那些公開宣稱他們已超越自我的大師而言也是如此。每個人在生活中，都有自己擅長的部分和充滿挑戰的發展領域。無論是擅長的事情和需要療癒的部分，對我們所有人而言都是獨一無二的。有些人在戀愛方面經驗老道，而有些人輕輕鬆鬆就能賺到錢。但沒有人的生活能各方面都很完美、做什麼都輕而易舉、無憂無慮且獲得全方位成功。

　　你碰到創作自己最愛的那首歌的歌手。在你看來，這首歌是很完美的作品，而你對這個創作歌手深感佩服，直到你看到他們喝得醉醺醺的，對他們的助理呼來喚去。

　　我們樹立英雄，將他們捧上神壇，並認為那個人做什麼都易如反掌，這是人類的本性。我們會認為這個人很優秀、有天賦，並且果敢，**我們慣於從凡人中造神。**

> 「人們談論被霸凌，但有時候你會成為霸凌自己的人，你也可能成為妨礙自己成功的人，我就是血淋淋的例子。」
>
> ——凱蒂·佩芮（Katy Perry）

○ 為什麼這對邊緣人來說很重要？

　　你體內流淌的力量，可以為你做到一些你感覺做不到的事。我相信宇宙與你同在，永遠不會離棄你。構成你所認識的自己和一切超出理解的事物，都是由一種能量組成——也就是生命。而這股力量流經名為你的容器，並湧現出來。

　　你不但不該混淆外界的「什麼」和「誰」，而對待自己也一樣！複雜、混亂、笨拙、有缺陷的你，是由完美的元素所組成。保持那種完美，可以幫助你實現從未想過的目標。

這個完美的元素可以療癒你的傷口，擴展你的勇氣，給你很棒的主意，吸引屬於你的人群。而這份完美也能在正確的時間引導你說出正確的話。

你會發現自己分享的一些話語能夠鼓舞、治癒人心，或面對挑戰，然後你驚訝地想，這些話從何而來？是的，靈感的確存在，但需要由你去實現。你必須認知到，這個容器就是人，這就是「誰」，而那個人經歷了不完美的人性體驗。

與此同時，他們可以透過自己的手創造出非凡的作品，這就是「什麼」。神會透過他們之手創造作品，這也是為什麼當別人經歷這股力量時會令人頓生敬畏，而你也同樣有這個能力，讓靈感透過「你」傳遞出去。

M2T
日誌時間

1. 當你看到某個人達成了某件非凡的成就並激勵你的同
   時，請把整個過程寫在日記中。

   範例：我聽到怪奇比莉（Billie Eilish）的歌〈我渴望的
   一切〉（Everything I Wanted）時，感到非常感動。
   她的歌聲和歌詞都非常完美，她是個天才。

   接著寫下：流經他們體內的能量也存在我體內，這股能
   量在每個人體內流竄。他們是獨一無二的，我也一樣。
   這種創意能量就存在我體內，我願意讓它流動起來，我
   願意讓它透過我以自己的獨有方式表達出來。

2. 説出上述的肯定句，或用你個人習慣的話語説出來。當
   你遇到激勵你的人時，請在心中默念這份聲明，或甚至
   大聲説出口。

M2T練習：建立你的先驅聖地

　　將那些你準備蛻變的先驅圖像和物品擺滿自己周圍，這麼做會向你的潛意識傳送強烈的訊息。

　　數千年來，儀式一直是各種已知文化日常生活中重要的一部分。只是到了現代，我們拋棄了這個強大工具以求改變。現在是時候重拾被我們扔掉的部分了！

　　治癒或創造儀式，會利用小型的代表物來顯現生活中的特定結果。搭建一處聖地來代表你蛻變成為先驅的過程。這麼做是一個很好的每日提醒，提醒我們真實的自己為何。

創造你的聖地

　　使用照片、圖像、插畫、明信片、卡片（賀卡、神諭占卜卡、撲克牌、遊戲卡）、雕像、雕塑品、玩具、遊戲組件、雕刻工藝品、岩石、水晶、蠟燭、珠寶；松果、枯樹枝、漿果、蘆葦、花朵或羽毛等天然物品；玻璃杯之類的廚具、小盆栽、書籍、工具、金屬物品、布樣；手套或圍巾之類的小件衣物、列印出來的詞彙或句子等等，不勝列舉。

　　重點是，這座聖地代表了你的獨一無二，而不是其他人。我有一個客戶打造了一處聖地，裡面全是寶可夢卡。另一個客戶只用撿來的物品，包括被丟掉的娃娃和洋芋片罐。我最喜歡

的例子，是我的學生會用紙黏土製作小小的塑像。她不認為自己是個藝術家，但需要把腦內具體的想法轉變為真正的形體。

最重要的是，好好地大玩特玩！這不該是一件繁雜的例行工作。現在你已經越來越清楚自己是誰，以及來此的目的。而你正在將每個零件組裝起來，讓自己專心一致，輕鬆實現蛻變。確保你的零件包含下述對象：

1. 現在的你

請保持友善，尋找適合你目前狀態的代表物。

2. 你即將蛻變成的先驅

為你的先驅設定一個代表物。想想成為該類型先驅的你感覺如何？他們有什麼作為？他們克服了哪些挑戰？

3. 你的支持者

不論是現在或以後的你都需要被支持！為那些真正了解你的人選個代表物。家人、朋友、同事、社團、俱樂部或教會／猶太教堂／寺院成員。

倘若你覺得自己得不到支持怎麼辦？還是放入代表物吧，或者我該說，請務必這麼做。如果你得到很好的支持，那些人會是什麼樣子？無條件的愛你？能夠給你精準指導？能發揮創

意的合作夥伴？能跟你談笑風生的人？

這是一座帶來積極變化的聖地。在你的聖地裡，為理想的支持者騰出空間，邀請真誠之人進入你的生活。

4. 你的熱情

對你而言最重要的是什麼？是什麼讓你的生活變得有意義？早上讓你起床的動力是什麼？

5. 你想要的感覺

你想要獲得怎樣的感覺？有權力？堅強？自信？無敵？真誠、充滿愛還是慈悲？

6. 讓聖地變得神聖（或相反）

儘管我用了一個靈性的詞表示，但聖地的神聖程度實則取決於你。我個人喜歡使用代表物來增強自己與宇宙的連結，我的聖地擺滿從神像到祈禱文、咒語、誓言、水晶、薩滿沙鈴和廟鐘等聖物，那代表我這個人。你需要使用會讓你感覺自在的東西，而代表高我的物品會很有幫助。

如果你對此持輕視態度或身帶徹底的避世使命，你可以考慮只在聖地中添加一、兩根蠟燭。蠟燭代表溫暖和煉金術。此外，在點燃和熄滅蠟燭之間躍動的光影變化，也為原本靜態的

收藏品帶來活力。最重要的是，能讓你保持注意力集中！

如何運用你的先驅聖地

・給予你的注意力

1. 坐或站在聖地面前。

2. 點燃蠟燭（如果有使用蠟燭習慣的話）。

3. 向你現在的代表物表達愛意。

4. 然後將目光鎖定在先驅代表物上，想像體現這個充滿力量的自己，吸氣並拓展這種感覺。

5. 向你的支持者表達愛──也包括那些尚未出現的人。

6. 欣賞自己的熱情。

・將先驅出現的時間提前

1. 首先，把你目前和先驅的代表物並排放在聖地內。

2. 將先驅的位置往前移動，留意不要擋住你目前的代表物，而是讓先驅在前方開路。

3. 感受先驅在你內心擴展，並帶領所有人走向自我實現。從小範圍開始，會讓你更容易在生活中實踐。

快速自我檢測 M2T 表單：電影和電視

"

「我喜歡我的朋友都是怪胎。」

——丹尼爾·克雷格（Daniel Craig）

"

電影療法是我最喜歡的療法之一！透過觀看關於從邊緣到先驅者的故事來振奮並激勵自己。

務必注意，這些創造性之舉中，每一項都是在當年那個歷史地點的時間、文化和意識中創造出來。下述清單代表歷史上跨度很大的範圍。你可能會看到這些作品中出現我們今天所不能理解的笑話、情節和人物。只管接受你能接受的訊息，剩下的就別管了。

- 駭客任務
  （*The Matrix*）
- 拿破崙炸藥
  （*Napoleon Dynamite*）
- 紅鼻子馴鹿魯道夫
  （*Rudolph the Red-Nosed Reindeer*）
- 口白人生
  （*Stranger Than Fiction*）
- 剪刀手愛德華
  （*Edward Scissorhands*）
- 星際寶貝
  （*Lilo & Stitch*）

- 冰雪奇緣
  （*Frozen*）
- 美國小子
  （*Lucas*）
- 早餐俱樂部
  （*The Breakfast Club*）
- 少女十五十六時
  （*Sixteen Candles*）
- 西城故事
  （*West Side Story*）
- 淑女鳥
  （*Lady Bird*）
- 充氣娃娃之戀
  （*Lars and the Real Girl*）
- 愛情，不用尋找
  （*Broken Flowers*）
- 腳踏車大作戰
  （*Wadjda*）
- 情挑玉女心
  （*Flirting*）
- 灰姑娘，很久很久以前
  （*Everafter*）
- 夢幻成真
  （*Field of Dreams*）
- 情歸紐澤西
  （*Garden State*）

- 未來小子
  （*Meet the Robinsons*）
- 摩登大聖
  （*The Mask*）
- 吮指少年
  （*Thumbsucker*）
- 正常人
  （*Normal People*）
- 正經好人
  （*A Serious Man*）
- 天外來客
  （*The Man Who Fell to Earth*）
- 哈利波特系列
  （*Harry Potter*）
- 妙麗的春宵
  （*Muriel's Wedding*）
- 八年級生
  （*Eighth Grade*）
- 舞動人生
  （*Billy Elliot*）
- 女王特大號
  （*Dumplin'*）
- 派蒂有嘻哈
  （*Patti Cake$*）
- 好想做一次
  （*Never Have I Ever*）

- 心靈偵探社
  （*I Heart Huckabees*）
- 炫目之光
  （*Blinded by the Light*）
- 安格斯
  （*Angus*）
- 歌喉讚
  （*Pitch Perfect*）
- 新少棒闖天下
  （*The Bad News Bears*）
- 驚心動魄
  （*Unbreakable*）
- 鐵男躲避球
  （*Dodgeball: A True Underdog Story*）
- 歡迎光臨娃娃屋
  （*Welcome to the Dollhouse*）

- 怪胎與宅男
  （*Freaks and Geeks*）
- 小兵立大功
  （*Little Giants*）
- 飆速青春
  （*Whip It！*）
- 我愛貝克漢
  （*Bend It Like Beckham*）
- 髮膠明星夢
  （*Hairspray*）
- 月昇冒險王國
  （*Moonrise Kingdom*）
- 食破天驚
  （*Cloudy with a Chance of Meatballs*）

11
給你的歌曲訊息

「這首歌就是來自聖靈的訊息，溫柔地責備我的自我懷疑，
提醒我所需的一切支持都與我同在。它一直都在這裡。」
——克麗絲·費拉洛

　　我一直為了出版這本書而焦躁不安。這本書，我等了十年才開始動筆──但這更像是聚集我畢生的心血。現在機會終於來了，它砸到我面前，在我腦海中醞釀，我能找到適合的用詞嗎？我能用最好的方式表達它們嗎？而這些話到底從何而來？

　　我勤奮地坐在電腦前耕耘好幾個月，擠出一行行的文字和段落，但靈感之門尚未完全打開。我知道靈感噴湧而出是什麼感覺，總之不會是現在這樣。然後有一天早上，我醒來時腦海中響起了一首歌──既清晰又熟悉，卻很遙遠。那嘶啞、性感的嗓音，令人驚嘆、無與倫比，然而我一大早緩慢啟動的腦袋，仍無法正確說出這位歌手的名字。不管是哪首歌，我已經很長一段時間沒聽過了。

　　我內心產生一種振動，越來越強烈，強到足以把我從床上喚醒，然後我蹣跚地沿著走廊走向辦公室，打開筆電，睡眼惺忪地看向按鍵，輸入我聽到的歌詞，然後──噢，對啦，沒錯，是莎黛（Sade）啦！莎黛的歌聲很有辨識度。〈在你身旁〉（By Your Side）的旋律響起，引起人們熱淚盈眶。當莎黛祈求聽眾哭泣時，她會在那兒幫我們拭乾眼淚，她會永遠在我們身旁！

　　這首歌就是來自聖靈的訊息，溫柔地責備我的自我懷疑，提醒我所需的一切支持都與我同在。它一直都在這裡。我心想，我已經幾十年沒聽過這首歌了，想到這裡，心中便湧出

充滿甜美、滋養的寬慰：**當我一直催促自己前進時，常常忽視救生圈出現的神聖時機**，我一直在將它們往外推、推、推，但那沒辦法讓我獲得現在想要的東西。此刻，我感覺我全身鬆了口氣，徹底地放開一切。

「我將會在你身邊，寶貝。」訊息接收完畢。

我不是一個人。我想告訴你，你也並不孤單。這條訊息不僅是給我的，同樣也適合你。

我在本書分享如何療癒你心中的邊緣人，使體內的先驅復甦；療癒我們**人性**的一面，比如改變你的心態、清除舊有模式和痛苦的記憶。

然後是**靈性**方面，我談到了宇宙、靈魂的本質並鼓勵禱告之類的練習方式。在我幾十年的自我療癒和到現在為止十五年的私人執業經驗中，我了解到，**深度修復真實的自我需要兩方面齊頭並進**。

我們從思維和身體方面清除聚積的情緒能量，舒緩神經系統，並改變自身觀點；和我們的靈性以及偉大的神靈（我在本書中主要稱其為宇宙）一起**超越黑暗**，**被靈性充滿**，並獲得神奇、巨大的支持、機會、想法、解決方案和諸多的愛。請務必將這兩種方法納入你的治療中，讓那些非比尋常的平凡經歷，變成司空見慣的現象。

M2T
日誌時間

1. 寫下一首觸動你心，讓你感覺有所連結的歌。

2. 你是否曾感覺過某首歌在對你「說話」？當時發生了什麼？它要告訴你的訊息為何？

3. 寫下幾行歌詞或詩歌，作為來自你的高我的鼓勵訊息。

12
加州奇蹟

「真正的治癒就發生在那個瞬間。

我們一直傾向把自己的問題投射到彼此身上，

一旦這些問題被治癒後，我們才能真正看見彼此。」

——克麗絲·費拉洛

你知道我們如何互相學習嗎？這是我的另一則親身經歷，希望能與你的內心深處引起共鳴。

首先我必須說，那場位於加州的研討會並不完全歡迎我。這聽起來是否覺得很熟悉？（這似乎是我的議題，對不對？）我答應在一場自己原已打算參加的研討會中演講，然而管理委員會卻不是很相信我的本事，儘管是他們邀請了我。

經過研討會幾個月前的無數次會議後，情況已經很明朗了：我只是配角，後面才被找來充數的，我不是主講人，我最好認清自己的位置，一位更知名的明星主持人將是大家爭相去聽的重點。「研討會沒有人會認識妳。」他們不只一次這樣告訴我，警告我到時會發生的狀況。雖然這是事實，這群聽眾從未聽過我演講，但我當然對在一大群人面前演講並發揮良好這件事上不陌生。

我試圖安撫他們。「我會做得很好。」彷彿在老調重彈：試圖證明無論是什麼狀況，我在這個位置都是合理的，並爭取讓他人看見我的價值。這讓這場談話顯得很荒謬，因為畢竟邀請我出席的是他們，而我卻在這裡為自己辯護，解釋我有資格站上臺的所有理由。如果我沒那麼固執，我就會終止合作，叫他們見鬼去吧。

但不久，關於那次研討會的所有不滿都被我拋諸腦後，因為出現了一個更緊急的狀況。我父親一直以來都要跟某個突如其來且無法治療的健康問題纏鬥。有一天，我夢見他身

穿燕尾服，從一個公開場合離開。當我醒來後，我知道他不
會回來了，很快，就在某個時候，他就會從今生去到來世。
比我父親或其他人更早知道這件事讓我感到很難受，因為壓
力，我的身體出現奇怪的毛病，任何專家或檢測都無法診斷
出病因。

　　我的家人最終意識到了父親的情況。但我的父親從不輕
言放棄，這種固執很大程度是一種家族遺傳，他直到去世的
兩星期前，都持續去健身房鍛鍊身體，彷彿使用健身器材多
動幾下就能戰勝無可避免的結局。

　　研討會前一個月，也就是在我搬家前一週，我父親離開
了這個世界，比我預想的要快得多。我手忙腳亂地把所有的
行李搬到新家，隨便地將床單鋪到床上，然後掛上浴簾，便
前往佛羅里達幫母親解決我稱為「最後的官僚主義」問題。

　　如果現在的你尚不了解，有一天就可能明白，當你的親
人去世後，會有一系列的後事要處理。除了辦葬禮、寫訃告
以及向你所愛的人傳達噩耗，還包括去當地相關部門領取死
亡證明副本、拜訪社會安全局、前往機動車輛管理局、通知
保險公司。可怕的是，在人們最無力應對官僚體系的冷酷現
實時，卻不得不去處理那些繁文縟節。

　　我回到紐澤西州後，只剩下兩天的時間能打開行李稍微
整理一下、洗衣服，然後再重新打包出發參加研討會。那天
早上醒來，我的鼻涕流個不停，喉嚨彷彿被刀刃千刀萬剮，

痛得沒辦法大聲講話。我為什麼不直接取消演講算了？我不知道，但我相信得知不用應付我，會讓主辦單位鬆一口氣。只是，我的高我（直覺）跟我說：「給我去。」於是我隨隨便便把完全不搭的各種物品扔進行李箱，然後上了飛機（特此強調，這是在新冠疫情前發生的事）。

當我走進入飯店大廳時，幾個研討會員工完全不打算理我。我只好走過去開口：「我需要去藥房或保健食品店，我不太舒服。」他們依然態度很差地要我搭計程車。我馬上意識到自己在那裡將是孤軍奮戰，沒有人會幫我。

這麼多年來，我在替邊緣人諮商時注意到一件事，即使在壓力最大的時候，我們也可以成為獨立專家，引導自己滿足當下的需求，靠自己似乎比靠別人更容易。我感覺很糟，但我知道我已準備好迎接這個挑戰！

我花八十美元招了輛計程車，買了十幾瓶水、花草茶、維生素、蜂蜜和幾顆檸檬。我一直都還沒好好準備演講，而就在我坐在飯店房間的桌前時，我發現筆電當機了，完全看不了先前準備好的講稿。天哪，這下可好玩了。

接下來的兩天，我草草出席研討會，並未待滿全程。在第一天被我唯一認識的委員會成員拒絕後，我很快就認識一個名叫蓋瑞的人。他之前在紐約住了很久，笑聲很有感染力。在我演講的前一天，這位名人完成了一場漫長的演講。我當下環顧會議室每個人的臉，大家顯然都聽得很高興。

　　我感到比以往更加孤獨。畢竟他們說得對，這些聽眾不是來聽我演講的。我認為其他演講者所講的大部分資訊都是一般人會知道的表面資訊，而且內容跟我隔天早上要說的相矛盾！如果這些觀眾就是喜歡那種制式化的老生常談和全然正向的演講者的話，那他們絕對會討厭我。

　　我沒辦法更改講稿，因為兩個星期前我就已經把報告用的影片檔用電子郵件寄給他們，而且目前手邊也沒有可用的電腦。我還記得自己從會議包裡翻出一本筆記本和馬克筆，至少記下了一些新筆記。然後，馬克筆沒水了！

　　我不禁脫口而出：「這是在開玩笑吧！」然後就把筆扔了出去。算了，我放棄。「妳不可能每次都贏，不可能總能受到熱情的歡迎。妳總有一天會失敗，現在就是那一天。而妳還是要站到臺上，說出妳來參加研討會要說的話。」

　　放棄可以帶來意想不到的解脫。我安慰自己：「這些人與妳不同道，之後妳再也不會見到他們。」當晚我沒有在房間排練，反而是去市區大肆玩樂了一番，假裝自己是來觀光的，而不是為了工作而來。翌日早上，我整理了行李箱，發現沒有帶到任何「上臺」的服裝，便只得從仍很整齊的行李中拿出一套不怎麼漂亮的套裝。

　　別忘了，我不僅生病了，還因為父親去世而感到衝擊。我可能會因為沒有好好收行李，沒有準備備用講稿，或者其他別的事情生自己的氣，我只是沒有力氣管那些事罷了。在

那種時候，我們只能盡可能地對自己寬容一點，並記得一句話：「嘿，在這種情況下，我已經盡力了。」你能明白嗎？什麼時候你必須寬恕自己？跟苛責自己比起來，你覺得哪種感覺較好？

於是我準備上臺演講。舞臺旁有一個巨大的投影螢幕，當我站在螢幕旁時，一位男性與會者向我走來。他先是看了看螢幕，又把目光轉向我，接著又回到螢幕。他指著我的大頭照說：「這一點也不像妳！」以我那天凌亂的頭髮、不合身的衣服和彷彿麋鹿魯道夫般紅通通的鼻子，我當然知道他所言不假。但是，唉，我心想，在人家情緒低落時落井下石，還真有風度呀！

但我所經歷的羞辱仍未停止。當主持人站到臺前介紹我時，她根本就不讀我的簡歷，而是低頭看著自己的腳，然後將視線轉向我，再迅速回到觀眾席，咕噥道：「呃，下一位演講者是……呃、那個……讓她介紹一下自己吧。」我心想：「在開什麼玩笑？！我聽從直覺來參加這場演場會，難道就是為了遭受這種屈辱？！」而後，好戲上場了！

我一上臺，鼻子通了，喉嚨也不癢了。我以前也遇過這種情況，我一直很擔心這種身體症狀會影響自己需要辦的正事。然後──砰！我好了。我相信專業的表演者們，像是舞臺劇演員，也有很多類似的故事可以分享。對我而言，其對精神上的意義遠遠高於生理狀態。我以前也曾有這種感覺，

我的靈性正凌駕於人性之上，而且正是時候！

　　自我介紹完畢後，我隨即向觀眾坦白自己的情況。我沒有像其他演講者那樣假裝自己是個完美的人，過著完美的生活，而是告訴他們，我在幾個月前患上未知病症、父親過世、才剛搬到新家住了幾天、抵達會場後發現筆電壞了。

　　我說：「你們可能會想我來這裡要幹嘛，我也一直問自己這個問題。我的靈魂驅使我來，所以我來了。但當我踏上這個舞臺時，也想起了一些很重要的事。我知道，無論我的世界發生什麼事，我的精神都不會因此受限！這點無庸置疑。而今天會由我的靈魂與各位交談。」如此一來，臺下聽眾都被我要分享的內容吸引並興奮起來。

　　之後的九十分鐘令人震驚。我的演講十分流暢，各種訊息不斷湧入，透過我的口傳遞給眾人，補充原有的講稿。我讓臺下聽眾跟著我完成一項練習，結果大獲成功。我在舞臺間來回走動，而臺下每一雙眼睛都在注視著我。

　　還有我一直擔心的教學內容，我實際提供的龐大資訊跟前一天講者輕鬆的情緒相互牴觸。對此我依然不保留任何餘地，全力以赴！

　　我承認我們可以透過靈性的真相傷害他人。人性有時會帶來痛苦，我常常觀察到，經歷失去、擔心財務問題或剛分手的人可能會聽到「事出有因」、「這都是為了讓你更好而賜予你的磨難」或「上帝會滿足你每一個需求」諸如此類的

話。我無數次親眼目睹這些話讓他人的情緒能量停止流動，讓人們對自己的本能反應感到羞愧。過去，我當然作為承受者，同時也是加害者。這也是為什麼我會意識到這些話充其量不過是漠不關心，往壞處說，這些話可能完全不起作用，甚至造成傷害。

我開玩笑地說：「但我知道在場沒有人會這樣做。」在我環顧整個房間時，挑起一邊眉毛，面帶微笑地掃過聽眾的臉。隨著我的視線，臺下傳來一陣緊張的輕笑。我不動聲色地戳破他們，他們欣然接受。

我的論點很清楚：你必須充分了解對方！真正的療癒首先來自慈悲心，並且必須永遠心懷慈悲。我們要對人們和他們的痛苦表示同理和理解，而不是拋出一堆老生常談。

處理自己的情緒痛苦是重要的，如此你才能為正在經歷這種痛苦的人提供安全空間。等到對方有足夠的承受力時，再予以他們靈性指引、教育和實踐。他們懂得我的意思。諷刺的是，我鼓勵所有人**透過承認而非否定黑暗，來為這個世界帶來更多光明。**如此一來，我們才能打開心門，讓光灑進來，並張開雙手，幫助別人找到出路。

我傳達了我的訊息，任何人都無法透過任何其他形式展現出來。我已經殺死了內心掌管不安全感和舊傷疤的惡龍，完成了一項神聖使命。

當我的演講結束時，全場起立鼓掌，掌聲如雷！我感到

一股電流和暖光流遍全身，感受著興奮之情和激昂的心跳，幾乎用飄地往臺下走。主持人在臺前對我喊道：「別走！留在講臺上！現在是提問時間！」現在？是的，他們不想讓我離開！

回答了約十分鐘的問題後，我終於得以脫身下臺、走出禮堂，並決定去吃點東西。按照慣例，我在演講前從不吃東西，現在我餓了，代表任務順利完成。我本以為會是自己最失敗的一次演講，最後卻在各方面都取得圓滿成功。

當我走進後臺時，這位明星主講人已經準備好下一場演講。他們看到我並說道：「讓我們再次給予克麗絲・費拉洛熱烈的掌聲！」這是我第一次獲得第二輪的起立喝采！

然後不可思議的事發生了。應該說，另一件不可思議的事，因為剛剛才發生過最大的奇蹟。如果你不是屬靈者，請你好好聽我說完，因為這是我的個人經歷。

當主講者說話的時候，我看到某個東西離開了他們，那是一個模糊不定的形體，它慢慢地穿越房間，朝我飄過來。這道身影宛如一把清晰、細長的劍，當它穿過房間時，形體亦隨之呈現出房間內的顏色。我注意到有東西在移動，但不知道自己看到的是什麼，只知道我無法移開目光。

現在，這個形體飄到離我大約三呎的地方。作為一名能量治療師，我知道當自己置身於公共場合時，該怎麼在周圍創造一個保護空間。於是，這個形體碰到我的保護屏障，接

著落到了地上，碎成數千個灰色沙粒！我低頭看著腳下這些細小密集的能量碎片，它們散開並被地面吸收。這是我見過最不可思議的事！

有很多神祕主義者能看到來自看不見國度中的事物，然而我並沒有這種天賦。在我的一生中，可能只見過差不多十個亡者和幾隻動物的靈體。

我可以感應一切，卻看不到太多。而儘管我每天會創造能量的保護空間，卻從未見過這個空間發揮作用。我只知道這個空間保護著敏感的我，讓我的感覺好多了，所以我持續這麼做。

我散發的光芒讓人們心煩意亂，而你的光芒也有這個能力。而且對此你會感到很開心，甚至一點也不會覺得困擾。

在我認為自己會失敗之時，演講竟然成功了，我的敬畏感在那一刻放大了一百倍。我當時只是一直在想，真是太棒了！太不可思議了！真不敢相信我做到了！

而這整個故事中最神奇的部分是什麼？比我的成功和那個神祕經驗更驚奇的是，當我下臺後，**每個讓我感到自己被拒絕的人都上前擁抱了我。真正的治癒就發生在那個瞬間。我們一直傾向把自己的問題投射到彼此身上，一旦這些問題被治癒後，我們才能真正看見彼此，此刻除了愛之外，並無其他。**

在之後的活動中，很多委員會成員紛紛稱讚我的演說非

常出色，但我沒有幸災樂禍，一次也沒有。至於將劍扔向我
的人呢？我也愛他們。我知道被搶風頭或嫉妒是怎樣的感
覺。他們是非常有成就和受歡迎的人物，**如果我讓他們感到
煩亂，那我一定在做對的事！**

> 「表現出色，就不會被他人忽視。」
>
> ——史提夫·馬丁（Steve Martin）

給年輕邊緣人的一封信

嗨，寶貝：

我知道你經歷了很多，很多時候，你覺得自己與眾不同，而你一直獲得與眾不同是錯的訊息。但你不知道的是，任何在這個大千世界活出價值的人，都跟你有同樣的感受。我想讓你知道，你是被愛的。不只是被愛，你就是真正的愛本身，正如你現在的模樣。

有個運動叫做「一切會好起來」（It Gets Better）。而這個運動言之有理！你將成長、療癒、學習、分享，並被帶進比你過去所知道還更美好的生活。你將會找到你的歸屬，寶貝。你將以只有你能做到的方式點燃世界。我等不及要看見了！

我真的非常愛你，

你的先驅

13

找到屬於你的同伴

「如果你覺得自己不能徹底、百分百地做自己，也無法受到
他們打從內心的理解，那麼是時候離開舒適圈了，你仍然需
要找到屬於你的人群，使你變得獨一無二。」

——克麗絲·費拉洛

　　我在先前的章節提過，世上的邊緣人對於一個人獨處也感到很自在。一切皆自然而然地發生，不與他人的需求競爭，不被他人的情緒左右。對某些人來說，獨處的自在感並非天生，而是他人的嚴厲行為導致你不信任他們，最終會下意識避免與人過多地相處。無論是哪種傾向，不向外界解釋都是更輕鬆的選擇，因為這既累人又白費力氣。

　　所以你可能會問，**那還有什麼需要療癒的？為什麼要離開讓我們感到既舒適又安全的地方？為什麼非得要找到屬於我的同伴？**

　　我親愛的讀者，那是因為人類的生理機制就是為了群體生活和陪伴設計而成，我們存在的目的就是要與他人聯繫、分擔任務且互相幫助，即使對內向的人和那些曾被拒絕或嘲笑的人也是如此。目前世界上獨居者數量創下史上新高，許多關鍵的研究顯示這是一個非常嚴重的情況。

　　我現在一個人住——不包括我心愛的兩隻貓，琳和小豹。與此同時，我和鄰居在我們居住的公寓大樓組成了一個緊密互助社區。我們在各方面都會互相幫助：搬重箱、照顧彼此的寵物、分享食物、支持彼此的生意。幾個月前，當我意外得了咽喉炎時，我的鄰居湯瑪斯幫我購物，額外買了質地輕柔的衛生紙和其他臥床必需品；當公寓出問題時，我們會聯手向房東傳達需求。我們彼此互相支持。

　　我同樣是一個美麗（當地）教會的一分子，在那裡，我

們深深地相愛，以各種想像得到的方式為彼此祈禱和支持。若是發生重大事件，我可以指望方圓十英里至少會有二十個朋友立即趕過來，毫無疑問或怨言，即便是在半夜。

我選擇了這個當地大家庭，他們給我很大的安全感、溫暖、愛和快樂。

當然情況並非一開始就是如此。在我一生中，過了很多年完全被孤立的孤獨生活。而有時我的社區是全球性的，並非只來自當地。我深愛的人有很多碰巧住在世界各地，科技的發達讓我們能夠跨越數英里連結與交流，我很珍惜與他們連結並理解他們的能力。但如果我的輪胎漏氣，他們就沒辦法即時來接我。

於是我做了一個明智決定，組建當地的多元化社區，加深與相識的人之間的連結，形成更充實的友誼。我會在走廊上與別人閒聊，而不是忙著做自己的事。為了在別人面前多露面，我找人幫忙，看誰願意伸出援手。首先要**敢於表現脆弱並尋求幫助，並冒著被忽視或拒絕的風險**。很多人一而再再而三地看到我不畏挫折，堅持我的真理，並克服困難——有時能輕鬆自在地面對挑戰，有時則不然。他們看到我教別人做同樣的事。

我家有三個神力女超人馬克杯，都是那些如此看待我的人送的。但我其實跟其他人一樣也需要支持。有時候，神力女超人感覺就像個迷失的小女孩或無助的受害人，還是最後

被挑中的那個人。神力女超人在報紙上得到所有好評，我毫不意外。她有頭烏黑的頭髮、纖細的腰身，還拿著那面酷炫的盾牌。她毫無畏懼！

但我不是。我有自己強勢的一面，那通常是我最引人注目的人格特質。而我也有脆弱的一面，需要幫助和同情。我**必須學會讓別人看到我所有的缺點和弱點**。

現在身為邊緣人的你可能擁有了另一半、孩子、其他親密家人和高中或大學同學。**如果你覺得自己不能徹底、百分百地做自己，也無法受到他們打從內心的理解，那麼是時候離開舒適圈了**，儘管舒適圈就像一個大本營，為你的成長提供深厚的基礎，**你仍然需要找到屬於你的人群，使你變得獨一無二**。

這也是為什麼找到（並創建）你自己的小圈子很重要。

「深刻的愛和歸屬感是人生的最基礎需求。我們生來在生理構造、認知、身體和精神上就具有愛、被愛和歸屬感。當這些需求沒有被滿足時，我們就無法發揮應有的作用。我們支離破碎。」

——布芮尼·布朗（Brené Brown）

孤獨

孤獨是一種深層的痛苦，無法單單藉由跟別人在一起解決。當我們從別人身上體驗到深厚的情感親密關係時，我們會感到滿足。找到屬於你的人群，能讓你有機會被看見和認清自己。

友誼

即使性格內向的人有時也需要與他人在一起獲得樂趣！分享經驗、談笑風生笑、閒聊（我一直不喜歡閒聊，後來卻改觀了），融入其他人類的生活吧。

體驗他人的想法和觀點

在現代社會中，我們輕而易舉就可創建好友圈、社群媒體動態和追蹤列表 —— 全基於擁有共同的價值觀而產生。我常常聽到很多關係是透過「求同存異」而產生維繫。我同意在某些時候這麼做是必要的，這個方法更容易，也更溫和，能讓你安全地進入特定的社交場合，有時候，這也是唯一的選擇。

不過你要知道，這同時也限制了人們的關係，我不確定從什麼時候開始，人們普遍都希望生活中只存在與自己意見相同的人。我們似乎並未創造出一個更和平相處的世界。

然而殘酷的事實是，我們需要陪伴。我們需要能聆聽別人

提出自己不會有的想法、觀點、資訊和解決方案的人。如果你的心態足夠開放去接受這些意見，你的同伴就能做到這一點。對你的人群而言，重要的是你們共享許多**相同的價值觀**。

觀點與價值觀

比起共享觀點，我更希望看到你們專注於共享價值觀的重要性。像是兩個人可以同樣嚮往自由，但各自投票給對立的政治候選人。或者說，愛是一種重要的價值觀，但愛的方式有很多種。

> 「鼓勵他人做完整的自己，是愛他們最好的方式。」
>
> ——卡倫・狄翁（Kalen Dion）

從別人口中認識自己

我們有很多地方是自己看不到的，容易一意孤行，破壞等待已久的機會。人類的共同經歷中，存在了可能將他人推開、傷害自己或他人的行為風險。除非有人提醒我們，不然我們怎麼會知道？

我確實花了三十年的時間研究自己的意識和潛意識，並對自己擁有高度自我意識感到驕傲。這一部分來自於清楚的

意識，當我全神貫注時，無論身在何方，我隨時都會接收到大量的不明顯訊息。而為了不斷成長、拓展並實現夢想，有時候我還是需要別人給我忠告。

我有一些特質，也存在一些我自己並未意識到的破壞行為。深厚的友誼有時會包括（帶著同情心）**說出難以說出口的話，提出替代的觀點**（這是我們 M2T 的天賦之一），幫助他人擺脫困境。這讓他們能給予你同樣的回饋。

療癒過去被拒絕的那根刺

本書有很多機會讓你療癒過去的傷痛。現在傷口已經被清理乾淨，跟你的人群在一起的時間會透過愛來療癒傷口。

創造改變

事實上，跟他人合作會讓你取得更多成就。1 ＋ 1 ＝ 2 人或以上聚集在一起的力量。利用你們的共享價值觀（見下文），聯合力量為他人造福。你可以成為創造偉大的社會和創造性變革的一部分。你可以創造更加和平相處，更整潔的環境；為每個有需要的人提供更多安全感。因為你創意滿溢。這些你都可以做到，只是沒辦法靠自己單獨完成。

尋找人群最重要的一步：從興趣轉為價值觀

成為先驅的邊緣者，可能對音樂、電影、藝術、靈性、

生活方式、食物等產生不同以往的關注。我們的興趣可以證明是什麼讓我們充滿熱情地活著。

在某次假日聚會上，跟你同齡的表親談到了《河谷鎮》（*Riverdale*）這部影集，你卻想大聊特聊《這樣不 OK》（*I Am Not Okay with This*）。你沒看過《河谷鎮》，他們也沒看過《這樣不 OK》，所以你最終感到自己被冷落。但你可以輕易在網路上找到跟你一樣喜歡這部影集的粉絲，那也是一種有趣的聯繫方式。

無論是熱衷於毛茸茸的龍類獸設、經典日本動漫、蒸氣龐克、手工禮服、美國內戰重演、傳統啤酒廠、《冰與火之歌：權力遊戲》的滑冰選手粉絲、紋有《彩虹小馬》刺青的同性戀哥德搖滾愛好者、在沙灘玩老式沙丘越野車、住在原始樹屋，每一種興趣都會有一群同好。找尋自己的同好非常簡單，只要用 Google 搜尋就能辦到——噢，那些沒水沒電的樹屋居民除外，他們可能沒有 Wi-Fi。

只要留意不要讓興趣成為找尋自己同伴的唯一因素即可。與他人分享你的熱情固然讓人振奮，但為了建立真正的聯繫，你需要的不僅僅是這些。

◯ 從表面興趣轉向共享價值

核心價值決定了對你而言最重要的事，並且能引導重要的決定，包括決定跟誰待在一起。下述為我的決定性價值：

誠實

正如許多共感人一樣，我是行走式的測謊儀。從精神層面上來說，我通常會知道人們什麼時候並未誠實，這讓我感到不舒服。我寧願朋友直接對我說「我今晚不能跟你見面，因為我有個約會」，而不是編造藉口。當我的生命中有人向我誠實以對時，即便那不是我想聽到的，但我知道自己可以信任他們。

安全

我盡自己所能地讓周遭的人感到安全，而我也需要同樣的回報。雖然沒人知道我需要什麼，但我可以選擇花時間與那些了解自己，並選擇對我溫柔、直率和友善的人度過。

新冠疫情初期，我做了個非常明確的選擇，就是跟那些能帶給我安全感的人待在一起，而這也代表我要放棄甚至結束那些無法給我安全感的人際關係。這個決定讓我可以騰出一個空間，裡頭才能擠滿讓我覺得最舒服自在的人。這是有史以來最好的決定。

開放的心態

這對大多數成為先驅的邊緣人而言是不可或缺的特質。我終其一生一直努力避免草率地判斷，並且盡可能超越最常見的觀點。在我剛開始靈性之旅時，我不得不暫時將懷疑拋

到一旁，去探索表面「古怪」的實踐方法。跟我在本書中提出的一樣！這讓我能夠了解更多不同的信仰和行為。現在我可以跟來自世界各地的人們連結，無論他們身在何方。

你的核心價值是什麼？以下是四十個常見的價值觀範例：

1. 問責	15. 自由	29. 平和
2. 平衡	16. 感激	30. 韌性
3. 美麗	17. 成長	31. 尊重
4. 勇敢	18. 誠實	32. 安全
5. 承諾	19. 謙遜	33. 和善
6. 慈悲	20. 幽默	34. 靈性
7. 創意	21. 正直	35. 力量
8. 可靠	22. 善良	36. 支持
9. 差異性	23. 愛	37. 體貼
10. 同理心	24. 忠誠	38. 信任
11. 探索	25. 正念	39. 獨特
12. 公平	26. 開明	40. 智慧
13. 信仰	27. 獨創性	
14. 靈活性	28. 熱情	

「你到這裡來是為了提供創意的解決方案，現在是該你上場服務的時候了。」

——蘇‧默特醫生

▌M2T
▌日誌時間

1. 請從這個問題開始問自己：哪個價值觀對我來說最重要？閉上眼睛，深呼吸，在心中重複默念這個問題，每次默念要空出間隔。

2. 想出你最不喜歡別人所展現出的價值觀並寫下來。例如：吝嗇、自私、膚淺。

3. 這些價值觀的正向反義詞為何？例如：慷慨、無私和有深度。

4. 想出一個你非常欽佩的人。這個人可以是認識的人或公眾人物，你認為他們擁有怎樣價值觀？你是否也同樣具備這些價值觀呢？

5. 在網路上搜尋價值觀一詞，會跑出上百個選擇，利用這個方法幫助你開始建立自己的價值觀清單。

14

過於龐大

「我對太多人而言，一直以來都太龐大了。
很多人因而感到威脅，包括我的愛人、同事、朋友，
甚至完全陌生的人都不知道該怎麼面對這種龐大。
但那些人不是我的同伴。」
——克麗絲·費拉洛

剛把初稿交出去的幾天後，我便開幾小時的車去見一群朋友。

這年夏天大部分的時間，我都在一家歷史悠久的當地圖書館度過，寫書、做夢，並挖掘自己對於要在書中袒露心聲的恐懼。我一直在心裡回顧過去那段日子，重溫所有感到被排斥在外的痛苦經歷，以及我是怎麼在這種排斥中成長茁壯的成功喜悅。

那些事發不久就被我拋諸腦後的記憶，再次清晰浮現於腦海中。記憶中有阻擋我發光發熱的仇敵，還有教導和鼓勵我的天使。現在，我總算有了更深層的了解。這一切，一路上走來的點點滴滴，都是成長路上必要的一部分。這讓我有如醍醐灌頂！這不僅是一個概念，還是一個擁有深刻體現的真理。

寫這本書讓我的情緒像坐雲霄飛車一樣，經歷了我始料未及的跌倒、低潮和打轉，身體還出現無法解釋的奇怪症狀。

上述這些問題都能暫時轉移我的注意力，讓我能重新回到寫作中，並比先前都更專注地把這些資訊帶給任何可從中獲益的人。

我的身體會顫抖，說道：「妳為什麼要**做**這件事？這樣不安全。」我會盡力安撫自己：「我明白，我知道妳很害怕。我們不一定會得到支持，但有很多人一直認為自己有問題，而且很糟糕，他們甚至不知道自己到底是誰。我們的使命是

讓他們了解真正的自己，這是一項重要、神聖且聖潔的工作。」（儘管我的身體仍未完全相信，還在努力取得共識中。）

在這片困難的領域跋涉好幾個月後，我感到精疲力盡，而且有點擔心。就初稿而言，我交出去的比大多數初稿都要粗糙，而我內在那永遠的好女孩，仍然想把每件事都做到完美，她也因此感到不開心。我身上一直承載著巨大的壓力：我一定要把所有重點放進書裡！而且絕對不能有誤！

沒錯，其實我都明白。我擁有專家級的經驗和方法可以消除這種扼殺創意的能量，但**有時候我還是會被自己的某部分困住。**

我期待可以休息放鬆、聊聊八卦和談笑風生，也渴望與志同道合的三五好友熱情擁抱，跟他們在一起似乎永遠也不會覺得膩。

聚會當天早上，我一覺醒來便感覺胃部嚴重不適。由於不想缺席，我坐起來集中能量以弄清楚原因並進行疏通。然而，我的胃又更痛了，那種絕對恐懼的感覺湧上心頭，而我的腦海浮現出了此次聚會其中一位參加者克拉克的影像。當下我以為這是因為過去這麼多年我和他之間的一些奇怪衝突，才會想起他。稍晚，我的胃終於不再翻滾，我便準備開車出門。

主辦此次聚會的朋友布蘭妲和其他人用熱情的擁抱迎接我，這正是我所需要的！克拉克最後才到，當我望向窗外時，

他正在停車。雖然還有很多停車位，他卻把車停在我的車後面，擋住我的路。我的胃再次絞痛起來，但我很快忽略這件事。畢竟，我**其實**也很開心能見到他。

到了午餐時間，我們圍坐在朋友家高雅的飯廳裡，另一位朋友問起我出書的事。我知道找人談談對我而言是好事，因為我很需要他人的鼓勵和支持。我剛開口，克拉克便打斷我。我並不驚訝，因為我以前也跟他一起參加過團體活動，他常會把注意的焦點拉回自己身上（我敢說你也認識這樣的人）。而且，老實說，我累到氣不起來，只好就算了。我現在會盡力接受人們原本的樣子，不要太針對個人多做發言。我們一起度過了幾小時的時光，這可以稍後再談。

吃完飯後，我們坐在客廳的圓形沙發聊天，克拉克就坐在我對面，再次強制拉走大家的注意力。

「我有話要說。最近我在上一門關於公開表達不舒服的課程。」噢──我的胃一陣痙攣。又來了。他直視著我，繼續說：「而我必須說，克麗絲，妳有時候太龐大了！妳的聲音太大、太吵了，妳的能量太多了。怎麼說，就是……妳這個人的某些**特質**，它們實在太霸道了，讓我很不舒服。我已經忍妳很久了，而現在因為妳，我連聚會也不能出現。」

我完全愣住了，心跳不自覺開始加快，額角也慢慢滲出汗水。我以為我們先前已經達成和解，因而此刻我會備受衝擊也就不足為奇了。我的臉因羞辱而漲得通紅，腦中飛快閃

過不久前的畫面：他的車擋住我的車。在戰或退的天人交戰中，我只想逃跑。我需要努力地控制才能忍住不發飆或立刻抓起錢包奪門而出，越過朋友家的草坪飛奔而去的衝動。

除此之外，我還感受到在場其他人的不自在，他們全嚇到了，並為我感到尷尬。我頓時激動得眼眶含淚，內心的小女孩也開始手忙腳亂，想安撫克拉克和在場的其他人。

雖然我的內在小孩率先做出了反應，但她的聲音不大，也沒有最後的發言權。我內心強大的大人堅決地走上前，對我說：「等一下！這不是妳的錯！這件事與妳**無關**。」

在內心一陣動搖後，我的心態發生了劇烈變化。我用扎實、清晰而有力的聲音說：

「那我也實話實說，**我要走了**，我來這裡不是為了被你無故指責或聽你教訓的，克拉克，我想你們在面對他人時肯定設立了某些界線或規則，但我不認同這種觀念，也沒必要對你的不安全感和脆弱負責，包括你的感受和失敗。我也會因為其他人感到煩躁，**大家都一樣**，但我不會讓他人承受我的痛苦。我做好自己該做的，然後如果需要談談，我會私下單獨進行。我都知道要這樣做，**你為什麼不知道？**我來這裡**不是為了讓你感覺舒服**，也不會為了讓你感覺舒服而改變我自己。那不是我的問題。沒錯，我是很龐大，而我的能量一直都是那麼飽滿。順道一提，像你這樣的瘦子，指責我『太龐大』實在不是很恰當。即使你指的不是我的體型，你的行

為還是讓人反感。」

　　我捍衛自己，說出了真正的想法。把所有朝我飛來的胡言亂語一起全部扔回去。隨之而來的歡愉和自由感將永遠與我同在，這種最極致的亢奮感被釋放出來，我的神經系統感知到了我的**防備**，呼出了一口氣，恢復平衡，知道威脅已經過去了。

　　接下來，不可思議的一幕出現了。我朋友安琪拉開口，講述她自己的感受，剛才她也對此感到措手不及。她分享她有多麼期待見到我，而且很高興我來了；而布蘭姐則談到她覺得自己必須為讓我們這群人和平相處扛起巨大的責任。與此同時，當她看到我受傷時，瞬間開啟了彷彿熊媽媽般強烈的保護能量。

　　安琪拉和布蘭姐來到我的座位抱抱我，我放下警惕，讓自己沐浴在她們的愛、慈悲和支持中。

　　身為一名專業的治療師，布蘭姐後來帶領我們所有人完成一個令人印象深刻的療癒過程。身為治療師，我們說做就做。克拉克明確表示，我的存在引發了他對那位被全家眾星拱月的手足的複雜情感。而我這才弄清楚了事情的原委。

　　前一天，我在社交平臺上看到蘇珊·伊凡斯（Suzanne Evans）的發文，她是一位非常成功的營銷專家、企業家和教練，恰好也是一位身材豐滿的女性。她時常分享內容豐富且有趣的資訊。當看到她發出自己的照片，同時附上對於她身

材的各種噁心酸民言論時，我感到很震驚。

　　儘管她是一位成功且風趣的演說家、老師、母親和教練，還經營一家營利不錯的公司，仍會受到這種對待。因為對某些人來說，什麼事都能扯到外表。當下我深感不安，很快便滑過那則貼文，卻並未意識到，這件事一直存在我的腦海。雖然我只停頓了短短三十秒，但那些話就已然進入內心。

　　在我們清理能量的過程中，一個想法大喊：**妳正等著這件事發生在妳身上，等著聽見人們談論妳有多龐大。**如果克拉克沒有說出那番話，我就不會知道這件事對我的影響。

　　從人性層面看來，我也很清楚當時在那個房間裡發生了什麼。他對**存在感**的需求超出了我對**尊重和安全感**的需求。克拉克沒辦法認識和處理自己的情緒，並破壞了我開放和展現脆弱性的能力。他的缺乏界線踐踏了我要徹底做自己的承諾，包括了我的「龐大」。

　　所以，我親愛的讀者，我要在這裡公開懺悔：

克拉克說得沒錯。

我一直都太龐大了。

我的身體。

我的大腦。

我的美麗。

我的大膽。

我的勇敢。

我的創意、我的慈悲、我的感性、我的愛。

我的正直、我的誠實、我療癒自己和被療癒的動力。我致力於深入了解這個偉大的奧祕。

我敏感和強烈的情感。沒錯，也包括這個。

而我最大的「龐大」是什麼呢？我的心。

我的心太大了，從頭至尾都大得離譜。

我對太多人而言，一直以來都太龐大了。很多人因而感到威脅，包括我的愛人、同事、朋友，甚至完全陌生的人都不知道該怎麼面對這種龐大。

但那些人不是我的同伴。

而我受夠了。我受夠總是道歉。我已經不想再為了任何人改變我自己了。

親愛的讀者，那就是我最希望告訴你們的。

這個世界上總會有人覺得你在某方面太超過或做得不夠多。總會有很多人喜歡向你傾訴，告訴你他們認為你有什麼問題或不妥之處，你有哪些地方不符合他們的標準，而你要怎麼改變才能讓**他們**感覺變好。全部的抱怨都只為了最後這句話。上述這些意見都是僅基於他們的評判、偏見、創傷、局限和過去的傷痛。

你的光芒會突顯他人的不安全感和缺陷，而讓他們感到

安全和平等的唯一方法就是指出你的「缺點」，塑造出你的錯誤、不足或怪異之處。

但你所說的每一件事，都必須建立在「這不是我的問題」下。很快，一旦當你被貼上「順從或平凡」的標籤，或你的「龐大」被渺小的人攻擊時，請記住以下回擊方式：「是嗎？**那又不是我的問題！我會把文件歸檔，繼續前進。**」

因為那些人並不是你的同伴，你的同伴正等你去尋找。

克拉克就是無法成為我的同伴，反正那天不可能。過去他曾是我的同伴，但現在不是，以後可能也不是了。

在我說完那些話後，他向我道歉，並承擔起自己的議題。我知道他是真心的。當他說出那些話的時候，他不知道自己傷害了我和其他人。這可能難以想像，但我們都活在自己的經歷中，而我們每個人都會出現毫無頭緒的時候，尤其是當深層的情感被觸動。

克拉克和我都做了自己該做的事，處理出現的問題，然後到外面釋放我們的能量，每個人都留下來享受了當天剩餘的時間。雖然克拉克在你看起來像是我的敵人，但他其實是告訴我所隱藏的恐懼為何的天使，最終讓我看到自己有多麼堅強、強大和健康。

那天我說的話，既是對他的宣告，也是對宇宙和其中每個人的宣告。從那天起，我更加昂首闊步，也更有自信。

然後那天我其他朋友也在。他們用慈悲、安慰和愛來捍

衛和包圍我。他們創造一個空間，幫助我和克拉克完成療癒。他們並沒有被我的成長嚇倒，反而鼓勵並慶祝我的成長。

這些是我的同伴。

我希望你也能找到你的同伴並感受到這種深厚的連結。

在開車回家的漫長路上，我比以往任何時候都要疲憊。我關掉音樂，讓自己沉浸在舒緩的雨聲中。當離家還有二十分鐘的時候，安琪拉打電話來詢問我的狀況，我又感受到了更多的愛和支持。

我們倆在一起有說有笑，我告訴她，我一直想像布蘭妲的丈夫那天晚上回到家，毫不知情地問道「聚會好玩嗎？」的情景，我們兩人都笑岔了氣！

我說：「妳真讓我驚訝。我很謝謝早前妳說的那些話。為我挺身而出。我甚至無法用語言表達我的感受。」她回答說：「我這是從妳的書中學到的，克麗絲。」我們都哭了，而這次流下的是美麗、感動的淚水。我們為自己和彼此哭泣，為所經歷的諸多療癒和成長，為我們學會展現並捍衛自己，為那些激發他人勇氣去做同樣事情的時刻，我們兩人內心都充滿了巨大的溫暖。

當一個人站起來時，**其他人**也會跟隨領頭人的步伐，這正是我寫這本書的原因以及我分享這段親身經歷的目的。

我希望你從我分享的故事、從**這本**書中汲取靈感，無論是確切的靈感抑或其象徵意義。

然後**站起來**。

從過去的創傷中站起來。原諒他們，宇宙，因為他們對自己的行為一無所知。

從你被告知要成為怎樣的人那破碎想法中站起來。

從制約的恥辱和痛苦中站起來。

站起來，為自己和他人**挺身而出**。世上有很多美好的靈魂需要你！

站起來，朝對你來說正確且真實的事物前進，跟隨共鳴的指引。

站起來，邁向新的可能性，它們正呼喚著你。

為等待透過你誕生的夢想而崛起，你將會以意想不到的方式得到支持。

面對寶貴靈魂的催促和召喚勇敢崛起，是時候了。

做龐大的自己、充實的自己、徹底的自己、古怪的自己、熱情的自己和激烈的自己！

對自己所在的位置感到自在，這樣當你引起別人的不適時，就仍能保持這種狀態。

極其去愛護自己，如此你才能去愛那些**將痛苦投射到你身上的人**。通常**保持一段距離**的效果會最好。

讓真實的你成為唯一的你。

盡你所能開闢一條前進的道路，你將得到幫助和指導。這種支持的力量，無論來自神聖力量或其他指引，只有在你

行動起來後才會出現。

　　為陌生、神祕和美好的你出現。

　　最好的就在你面前。

　　你的願景，透過你而生。

　　你的同伴，將會理解你。

　　你的自由，將會釋放你。

　　一切都等待你的答覆。開始你的 M2T 探險吧。

15

結論

「當我們為人群付出時，最容易忘記自己被孤立的不安全感，

正是此時，我們可以締造最偉大的功績。

我們必須擺脫創傷和恐懼，

為我們應該守護的人挺身而出。」

——克麗絲·費拉洛

　　那是二○二二年八月的最後一週，我躲在一處幾乎沒人會去的小圖書館。這間圖書館很古老，有拱頂天花板和一整片玻璃帷幕，使夏日的陽光能夠灑進來。就本書而言，這裡是一處很舒適的寫作空間，提供專注所需的輕柔安全感和絕對的靜謐。

　　顯然每當我感到迷失或潰散時，我就會不由自主地回到圖書館。我對自我覺察無止盡的探索，始於前網路時代，當時我年紀還小，滿心裝著「我是誰？」和「為什麼我與眾不同？」的疑問，前往以前住過的鎮上圖書館尋找答案。

　　八歲那年，我感到很奇怪，為什麼找不到其他關於尼斯湖水怪的書。畢竟，我已看完圖書館裡僅有的三本尼斯湖水怪書籍了。

　　現在回想起來，我對於自己當時感受到的善意和包容很是驚訝。當時明顯是個怪小孩的我，對這個鎮子太小，連這麼容易取得的怪物資料都收集不全很生氣。我想知道答案！

　　在我足以理解這些事對我個人所代表意義的前幾年，我探索了更多關於心靈力量、占星學、冥想和奇蹟的書籍。翻閱這些成年人看的書，我發現有很多詞和概念超出我的理解範圍，但我還是被這些書吸引，彷彿我可以透過潛移默化吸收書裡的資訊。

　　我特別喜歡內頁有插圖、示意圖和照片的書。我記得有個插畫是一個女人周圍有個氣泡，而她的光環被一個能量護

盾包裹，不知為何，我似乎能看懂這張圖，儘管我沒辦法詳細敘述那張圖畫的是什麼。七〇年代是一個以積極探索打破常規的時代，這對一個古怪的小女孩來說，是回到地球真正美好的時光。

這時，我的思緒被來自外頭的奇怪聲響打斷。那是薩克斯風嗎？聲響旋即擴大成一支完整的樂隊，我感覺自己好像無意中闖入了另一個平行世界。樂團現場演奏？在**圖書館**外面？**這個沒人來的圖書館？**

一位工作人員告訴我，這是夏季圖書館計畫「週一音樂會」的最後一週。我笑了起來。**當然囉。**

我戴上耳機，播放起雙耳波差（Binaural Beats）[1]，又埋頭寫了會兒書，然後收拾了一下離開，決定找一間人不多的咖啡廳，或另尋一個幽靜之處。當我走下石階時，正對面有大約五十名鎮上民眾，他們跳舞、晃動，頭隨著音樂搖擺，孩子們在草地上旋轉，吹著泡泡，開心的笑著。一切都妙不可言。

街坊鄰居都在享受夏季最後幾日的悠閒、慵懶和愜意，然後重返校園和職場，迎接即將來臨的秋天。他們身處不在計畫中的天賜之福，讓自己休息一下，放一天假。度過歡樂的時光和高尚的一天。

1　編註：雙耳波差（Binaural Beats）指左右耳分別接收到頻率不同但相近的聲音，並藉由聲音的頻率從而影響腦波，達到降低壓力、增強專注力的效果。

對我而言，二〇二二年夏天就代表《你的與眾不同就是你的力量》。沒寫書的時候，我的腦子仍在思考，我不思考的時候，就是在跟別人談論這本書，四處看見徵兆反映出能寫進書裡的內容，並從其他邊緣人那兒收集意見，而我患有注意力缺失的大腦則盡力捕捉每一個見解。我從未用線性格式的筆記本進行創作，我的書反倒像拼圖一樣，包含好幾個文件，最終按順序排列放到正確的位置。

當我周圍的人都在外面享受夏天的歡樂時，我卻在集思廣益、創作，使這本書能夠誕生。在最後的階段，我面臨著與我共通的世界失去共鳴的情況。曾經有段時間，這個感覺會讓我覺得孤獨或反常，可怕的社群恐懼症可能會抬起頭來，睜開那隻大眼睛，尋找外頭更加鮮綠的青草，讓我感覺被排除在外。但現在，我待在這裡覺得很開心，我在這個地方充滿創造力，分享對我來說最重要的東西。我從不認為這是理所當然。

當孩子們回到學校，其他人也回到工作崗位後，我將完成這本書，屬於我的夏天即將開始。我將跟朋友和家人一起在海灘度過一個禮拜的假期，晨泳、撿貝殼散步、午後小憩，我每日的行程只有感受喜悅。我的生活占據了天時地利，不需要跟別人一樣。事實上，這種事永遠不會發生。

此時此刻，我捫心自問，在這封寫給各位的漫長情書中，我親愛的未來先驅們，還有什麼是我想傳達給你們的嗎？這

本書有什麼是我隨口一提，而沒有詳細說明的嗎？有哪些重點是我真的很想深入探討的呢？

◯ 我想讓你知道，你是被愛的

也就是真實的你，就算你明顯與眾不同，擁有其他人未曾發現的獨特之處。無論你伴隨著何種過去經歷、矛盾和疑慮；你罹患的症狀和心理分析；你身上的投射和欺騙自己的謊言。即使你身處困惑和恐懼、幻想和懷疑，依然感覺到自己是被愛的。即使你犯了錯。你是由愛本身的生命力所構成，無論如何，你**只能**被愛。這種愛無極限且是永恆的，這種愛屬於你，從現在到永遠。

讓愛進來吧。

◯ 我想讓你知道，你被理解

你所經歷的每一次痛苦，每一個未曾被滿足的需求，每一個從未被承認過的慾望，就連你自己也不願承認的；你被賦予的每一份天賦，包括那些尚在沉睡中的；你身上的每一根毛髮，流經血管的每一顆血球；你閃過的每一個想法，曾經感受到的每一種情感，以及未來各種可能性中的每種可能性，都能被理解。

讓這種理解實現，然後讓宇宙的理解成為屬於你的理解，讓它指引你。

◯ 我想讓你知道，你得到支持

因為你的肺獲得樹木釋放的氧氣支持，正如陽光帶給你溫暖一樣；每一滴滋潤、冰涼和沐浴的水都給予你支持，進入你嘴裡的每一口食物都會滋養你；提供照明、使烤麵包機運作、讓你的工作設備動起來的每一瓦電、為你提供能量的每一瓦電，都支持著你；腳下的泥土提供你住所並供應你。宇宙還有那麼多東西可以給予你。

允許自己去接受，讓更多支持貫穿你的生活。

◯ 我想讓你知道，你是有價值的

你獨特的存在和珍貴的心，世上再無另一個你。你的祖先經歷所有旅程後，帶來的全部智慧，都賦予獨一無二的你生命。一切都存在你心中。諸如你對他人的慈悲、看待事物的不同方式、你的無畏和勇氣。

無論發生何事，你都會繼續前進。你不知道該如何面對的天賦；你希望擁有的天賦使你分心，無以注意那些已確實擁有的天賦和那些仍在等待出現的天賦。你選擇愛自己、愛他人和熱愛生活的能力。

感受你的內在價值吧，如果你無法做到，請反覆確認，直到確切感受到為止。

◯ 我想讓你知道，你擁有目標和使命

沒錯，就是你。無論你現在處於人生哪個階段，還是學生、正在找工作、討厭你的工作、離婚、撫養孩子、搬去另一個國家居住、退休了。別再被動等待開始的正確時間，也停止等待什麼「偉大使命」，現在就開始服務人群吧。當你需要知道的時候，你所需要知道的事情自然就會揭露開來。

如果你問：「一個人能做什麼？」我想分享兩個我自己經歷過的完美範例。拿過去讓人喜愛的歷史人物當例子很簡單，但你可能會想：**那些人是例外，或那些人早就不存在了。**這種說法實在大錯特錯。

在早期體驗過情緒釋放技巧（通稱「敲打法」）後，我想了解更多相關知識。在二十年前，研討會只能面對面進行，很少有職業治療師會教授，並且大多數研討會都辦在我開車到不了的地方，而讓我更沒辦法參加的問題在於費用。當時，我靠從事社會服務的薪水勉強維持生計。

然後我聽說紐約的村舍鎮（Valley Cottage）正在舉辦情緒釋放技巧的研討會，距離我家約四十五分鐘的路程。可疑的是，參加研討會的費用是選擇性捐贈，這簡直前所未聞。我認為這是詐騙的幌子，只要到了那裡，就會發現我是去參加分時度假推銷或邪教招募成員。至少，我認為這個研討會的品質會很差，而且老師經驗不足。

然而，接下來發生的事卻讓我大吃一驚！研討會的講師

竟然是 C・J・普奧蒂寧（CJ Puotinen），一位經驗豐富的整合醫學作家。她教學時的方式清晰、充滿熱情，而且目標明確。她在會議中講了很多故事，而這一直是能讓我得到更好學習成果的方式，她的課甚至還包含了示範和實踐練習。

一旦完全沉浸在基礎知識中，我便深深著迷！我能即時地親身體驗到這個看似奇怪的療法對我來說非常有效。普奧蒂寧非常慷慨地貢獻她的時間、知識和專業知識，他們向所有參與者寄送一份後續備忘錄，其中包含與你的敲打夥伴一起練習的資源和機會。研討會非常受歡迎，從一日延長到兩、三天，每一年舉辦好幾次，一直持續十幾年！有時候，一個房間可擠進多達九十個人，大家一起學習，而我們中有許多人在健康、財務方面和個人生活都面臨著巨大挑戰，卻沒有人被拒之門外，我們每個人都付出自己力所能及的代價。

至於那些募集到的捐款？我敢保證每一分錢都拿去資助了一項寵物探訪計畫，以訓練支援療養院和醫院探訪的治療動物。換句話說，普奧蒂寧是免費授課。有一次，大廳擺了張桌子，與會者可以攜帶書籍和其他想轉贈的東西來，所有人都可以前往交換這些收藏。在那些課程中，有治癒、有奇蹟、有友誼，也建立了深厚的連結。

我們當中有很多人後來都成為認證的情緒釋放技巧治療師，治癒和教導他人，繼續推動這份轉變和慷慨。普奧蒂寧為她所處領域帶來的連鎖反應是無法想像的。這麼多年來，

已經有上百人參加，而每一個人都帶著開放的心態和心靈回到自己的生活，我就是其中之一，我現在已諮商過數千名客戶和學生、寫了數百則時事通訊、在社交平臺上發了數千篇文章，還出了兩本——很快就是三本書了！我的這些成就全部都能回溯到她身上。而我只是其中一人而已。

說到早期嘗試情緒釋放技巧的經歷，我還要感謝催眠治療師羅克珊・露易絲（Roxanne Louise）。我在二十多歲時曾經歷一次創傷性分手，讓我處於十分危險的狀態，於是我便尋求治療。與此同時，我終於決定致力於我從小就決定探索的靈性之旅，我隱隱約約感知到這將是使自己康復的關鍵。接下來很長一段探索時期，引領我找到了羅克珊。

我一直都知道自己曾經在世上活過，儘管我並非從小就相信轉世，甚至聽都沒聽過。當時我似乎一時興起，預約了一次前世回溯治療。如果我在開始療程前有任何疑問，那麼當我聊開後，那些疑問肯定已迎刃而解。我重新經歷了三世，其中一世是和我的摯友烏拉娜在一起，另一世則跟前任在一起，這讓我感到十分平靜，出現的情緒非常真實。

最終，羅克珊介紹我潛意識的力量、肯定語、幾本關於凱薩琳・龐德（Catherine Ponder）敘述新思維的經典著作等等。再一次，所有的概念、想法、信念、技能和實踐都完全融入我的日常生活中。而我在二十二年後的近日找到了羅克珊，很高興發現她仍在教學並為客戶服務。我覺得我把她是

怎麼影響我的生活這段經歷寫進書中，卻不直接告知本人很怪，於是我發了封標題為「喚醒過去回憶！」的電子郵件給她。我想讓她知道一位她十幾年未見的學生，也就是我的身上發生了什麼事。我不確定她是否還記得我，只是盡力解釋她對我生活各個層面的影響。

結果，我得到本人十分親切的回應，下面為其中一部分：

妳說得沒錯，我不知道我對為人群付出的渴望為其他人帶來了什麼影響。事實上，許多人會祝福我**本人**的生活，但卻不知道他們給了我多大幫助。我們每個人都站在巨人的肩膀上，若是沒有別人的幫助，沒有人能夠成功。

當我看到她的回覆後，才意識到在我所有的書中，我一直很認同讓自己成為我的讀者能夠站立並勇往直前的肩膀，就像曾經作為我踏板的前人一樣。我也是這條連接過去幾個世紀到現在鎖鏈中的一個環節，讓資訊得以改革。早在網路出現以前，人們就聚集在一起分享故事和見解，以便更好地駕馭這狂野而奇妙的人類生活。

我很榮幸能夠成為提出這個大哉問，成為這項神聖傳統的一部分：我是誰？我來這裡的目的為何？我要怎麼做才能達成目的？我該怎樣才能顯現我真正的本質？我如何體驗幸福？透過提出大哉問，開啟了讓宇宙回答的能量流動。大哉問往往來自於感覺與眾不同的痛苦。從這種痛苦和尋求解脫中，偉大的答案出現了，不僅是為了我們，也為了我們有足

夠勇氣與之分享的每個人。這便是從邊緣到先驅者之旅。

　　以上兩位真實存在、仍然活著的人，你可能從未聽說過（如果你有幸遇到他們，請致上你的謝意！），但他們為成千上萬人的生活帶來正面影響，每個生活受到觸動、能量受到影響的學生和客戶，回去以後，生活都發生了改變，也對他們之後遇到的每個人帶來了無形的變化。

　　想像一下，大家都知道鵝卵石掉到靜止的水中，從而產生漣漪，起伏的圓環和波浪向四面八方拓展。他們不是透過實境秀或《財星》世界 500 強的企業來實現目標，沒有大量社交媒體粉絲或數百萬美元的支持。這一切都來自於他們純粹而謙虛的舉動，透過自己認為有益處的事物，來教導並服務他人。每一個舉動都是出於愛，每一個行為都是為了更偉大的利益而付出。

　　如果你還沒採取行動，請相信你也能成為這樣的人。你的內心早已存在神聖的藍圖和計畫，這就是為什麼你與眾不同。你生來就是為了領導，而非跟隨。

　　這讓我想到一個重點。在本書大部分內容中，我一直希望你能從我分享的故事和訊息中找到自己；我鼓勵各位透過 M2T 日誌時間探索你的過去和經歷；最重要的是，我鼓勵你表達自己的感受並展現自己。現在，我對你還有別的期望。

　　現在有人需要你。沒錯，就是你！只有你能以你所能提供的方式為人付出，像是服務他人、愛和鼓勵。創意的行為

正等待誕生，不只為了你，更為了那些你來到這裡注定要觸動之人的生活。你的崛起不僅僅是為了你自己。有時候，知道這一點會讓我繼續前進，勇敢地邁向未知領域。有時候，對我來說，為別人奮鬥比為自己奮鬥要容易得多。

把自己當作那顆鵝卵石吧。當我們為人群付出時，最容易忘記自己被孤立的不安全感，正是此時，我們可以締造最偉大的功績。我們必須擺脫創傷和恐懼，為我們應該守護的人挺身而出。

願你利用在本書中學到的知識進一步實現你的使命，更多地認識你的真實自我，擺脫障礙和阻礙，走上一條徹底自愛的道路；願你勇往直前，成為你來到這裡的先驅；願你因愛上為他人付出，而失去對小我的過度關注；願你以真實的樣子昂首闊步走在這顆地球上，無須道歉或解釋；願你隱藏的天賦能在你準備接收並使用的時候，從內心顯現出來；願你在各種表達形式中找到自由；願你真正的族群立刻認出你並擁抱你：「你怎麼現在才出現？」願你永遠知道自己有多麼重要。你的存在本身就代表這個世界正在發生一些極為美好的事。

願你永遠知道自己是被愛的。

參考資料

　　請掃描掃入 QR Code 進入此書網站，取得完全免費的資料來源，包括可下載的 PDF 檔、各種迷因、音訊和影片，以支援你的 M2T 之旅。

⭕ 我的著作

人性方面

　　我首先想介紹本人的書，我由衷地認為這些書跟《你的與眾不同就是你的力量》能完美地契合。

　　《能量療法》：對能量心理學和情緒處理有詳細的介紹。看看藉由使用你的雙手和身體能多快改變你的感受和信念。

靈性方面

　　《顯化效應》：我將大量的形上學原理和實踐提煉成一

本十分強而有力的書，以展示如何創造屬於你最好的生活。
本書附帶許多免費資源，例如：PDF 檔、迷因哏圖和冥想類
音樂影片。詳情請見下方 QR Code：

◎ 其他推薦書籍

《他們異類，他們成功》（*The Misfit Economy*）──愛麗
莎・克雷（Alexa Clay）、凱拉・瑪婭・菲利普斯 （Kyra
Maya Phillips）

《正常的神話》（暫譯，*The Myth of Normal*）──嘉柏・
麥特

《心靈的傷，身體會記住》──貝塞爾・范德寇

《創作，是心靈療癒的旅程》──茱莉亞・卡麥隆

《徹底的寬恕》（暫譯，*Radical Forgiveness*）──柯林・
蒂平（Colin Tipping）

銘謝

　　我永遠感謝偉大的聖靈賦予我這個使命，安排我為人們服務，讓我感到無比快樂。我在創作的過程中，每每經歷懷疑與掙扎時，總會知道該如何尋求喘息和靈感。祂為這個世界帶來重大的改變。使我得以告訴人們他們是被愛的，因為我也一樣。謝謝。

　　首先是喬爾・佛提諾斯（Joel Fotinos）。我曾開玩笑地說宇宙曾這樣表示：「讓我們給她一些驚喜吧！我們會拍拍喬爾的肩，賦予他幫她出書的想法，確保她的人生將永遠改變。」結果我誤打誤撞找到一位編輯。他聰明能幹、富有直覺，一直對我很友善，不斷激勵並支持著我。喬爾特別如此，他鼓勵我的方式總是令我大為震撼。十分感謝你所做的一切。

　　還有艾蜜莉・安德森（Emily Anderson），帶著非常專業的精神和對細節的專注來到我身邊，同時為了完成這本書，奠定堅實的基礎。妳真是上天賜予我的禮物！謝謝。

　　我要感謝我才華出眾的摯友烏拉娜・扎哈奇奎（Ulana Zahajkewycz），畫出這些令人讚嘆的插畫[1]，讓我的書得以大

1　編註：繁中版本無收錄插畫。

賣。誰又想得到繼我們在九〇年代推出叛逆女孩風格雜誌後，會於多年後再次合作出書。

現在我習慣在我重大的人生轉變期，以及在出書前不久打給我最好的朋友，請他們為我的書提供插畫。我絲毫不意外妳能很好地完成我的囑託。感謝我們一起度過的這些年，以及妳對本書的巨大貢獻。

我要感謝薇若妮卡‧拉姆齊（Veronique Ramsey），因為妳一直愛著我，深信我能做到讓我懷疑自己能否做到的事。妳十分通情達理且有耐心地應對我的挫折與不安，謝謝！

我要感謝克里斯‧薩利克（Chris Salek），你總會在我寫書期間的某個適當時機傳簡訊並來電給我。你的直覺無與倫比！但願你會喜歡我分享我們第一次見面的情景。我常說，若我有一天遭到逮捕，你絕對會保釋我，並站上屋頂宣揚我的清白。打從一開始，你就在背後支持著我，佛羅里達成就了我們的友情。

我要感謝史蒂芬妮‧法倫（Stephanie Farren）回到我的生命當中，百分之百為我加油，將一群才華洋溢的傢伙介紹給我認識，讓我每次回到第二個家的旅程都充滿歡笑與愛。妳是最棒的！

我要感謝我的家人，願意理解我因為埋首在筆電前好幾個星期而錯過聚會。謝謝你們對我的愛與支持。

我要感謝我的一群朋友。他們不僅鼓勵我寫這本書，更

提供實用的策略。瑪莉・凱・卡尼（Mary Kay Carney）和唐妮・巴恩斯（Donniee Barnes），謝謝你們給我的簡訊和擁抱，以及餐桌上的深刻對談。你們是天賜之福。

我要感謝我的能量與療癒的朋友及同事，讓我感受到善意、連結和鼓勵，並為我慶祝，包括但不限於以下人士：艾格妮絲・布羅菲（Agnes Brophy）、艾莉西亞・諾斯（Alicia North）、邦妮・德金（Bonnie Durkin）、凱特・史東（Cat Stone）、辛西亞・詹金斯（Cynthia Jenkins）、珍妮佛・伊莉莎白・摩爾（Jennifer Elizabeth Moore）以及瓊蒂・懷提斯（Jondi Whitis），你們讓我對自己的加入感到興喜若狂。

說到珍妮佛・伊莉莎白・摩爾，我的共感人姐妹，這個世界上沒有言語足以表達在我們剛踏上這條獨一無二的作家之旅時，妳對我堅定不移的支持、提供我絕妙的點子、令人驚嘆的應變能力，以及無限的友善關懷。

當我陷入瓶頸時，妳跟我就這本書進行的訪談推動了我最重要的寫作階段。而我非常珍惜妳慷慨借我許多平臺，以分享我的文章。此外，妳也是能讓我安心嚎啕大哭的避風港！謝謝。

我要感謝我的靈性共同體：位於羅克蘭的靈性生活中心，以及那裡所有的靈性姐妹。妳們多次為我祈禱，給予我溫柔的指引，助我度過難關，我很榮幸成為妳們的一員。向梅麗莎・穆勒－諾布斯（Melissa Moorer- Nobles）、珍・西恩（Jan

Sheehan）、蜜雪兒・魯伊茲（Michelle Ruiz）、珍妮特・斯奎蘭蒂（Janet Squilanti）、雪柔・魯本（Cheryl Reuben）、蘇西・拉楚（Susi Rachouh）和愛咪・霍蘭（Amy Horan）致上我深深的愛。

「你的存在本身就代表這個世界正在發生一些極為美好的事。願你永遠知道自己是被愛的。」

——克麗絲・費拉洛

高寶書版集團
gobooks.com.tw

NW 293
你的與眾不同就是你的力量：停止懷疑自我、實踐潛藏天賦的內在英雄之旅

作　　者	克麗絲・費拉洛 Kris Ferraro
譯　　者	陳思華
副 主 編	林子鈺
責任編輯	藍勻廷
封面設計	之一設計工作室
內頁排版	賴姵均
企　　劃	陳玟璇
版　　權	劉昱昕

發 行 人	朱凱蕾
出　　版	英屬維京群島商高寶國際有限公司台灣分公司
	Global Group Holdings, Ltd.
地　　址	台北市內湖區洲子街88號3樓
網　　址	gobooks.com.tw
電　　話	(02) 27992788
電　　郵	readers@gobooks.com.tw（讀者服務部）
傳　　真	出版部(02) 27990909　行銷部 (02) 27993088
郵政劃撥	19394552
戶　　名	英屬維京群島商高寶國際有限公司台灣分公司
發　　行	英屬維京群島商高寶國際有限公司台灣分公司
法律顧問	永然聯合法律事務所
初版日期	2024年10月

原書書名：Your Difference is Your Strength: A Guide to Accepting Yourself—for Anyone
Who Has Ever Felt Out of Place
Text Copyright © 2023 by Kris Ferraro
Foreword Copyright © 2023 by Tama Kieves
Published by arrangement with St. Martin's Publishing Group through Andrew Nurnberg
Associates International Limited. All rights reserved.

國家圖書館出版品預行編目(CIP)資料

你的與眾不同就是你的力量：停止懷疑自我、實踐潛藏
天賦的內在英雄之旅 / 克麗絲.費拉洛(Kris Ferraro)著；
陳思華譯. -- 初版. -- 臺北市：英屬維京群島商高寶國際
有限公司臺灣分公司, 2024.10
　　面；　公分. -- (新視野 New Window ; 293)

譯自：Your difference is your strength : a guide to
accepting yourself--for anyone who has ever felt out
of place.

ISBN 978-626-402-069-5(平裝)

1.CST: 自我肯定　2.CST: 自我實現

177.2　　　　　　　　　　　　　　113012501